Perlen der Weisheit

Die schönsten Texte des
DALAI LAMA

Herausgegeben von
Christina Knüllig

HERDER

FREIBURG · BASEL · WIEN

Inhalt

Einführung   9

Zum Anfang: Buddhismus   12

Anhaftung   20
Bedürfnislosigkeit   29
Bereitschaft   30
Dankbarkeit   31
Depression   32
Familie   34
Feinde   36
Freundlichkeit   39
Freundschaft   41
Geduld   43
Geist   44
Gelassenheit   46
Genügsamkeit   47
Gesundheit   48
Gewalt   49
Gewissheit   52

Glück	53
Gut und Böse	57
Güte	58
Herzensgüte	59
Hoffnung	61
Ich-Erkenntnis	63
Innere Kraft	66
Innerer Friede	67
Karma	68
Konzentration	73
Kritik annehmen	74
Kummer	75
Lebenszweck	77
Leerheit	78
Leiden	81
Liebe	84
Meditation	86
Mitgefühl	89
Mitmenschlichkeit	92
Nirvana	93
Positiv denken	96
Realismus	97
Ruhe	99

Selbst und Ich   101

Selbstvertrauen   104

Spiritualität und Religion   108

Sterben   110

Täuschung   115

Den Tod vergegenwärtigen   118

Verantwortungsbewusstsein   122

Vergänglichkeit   125

Verlangen   126

Verlust   129

Die Vier edlen Wahrheiten   130

Wechselseitige Abhängigkeit   133

Weisheit   137

Wesen des Geistes   139

Widerstand   145

Zorn   146

Zuflucht nehmen   149

Kleines Glossar   153

Quellen   156

Einführung

Die Wahrnehmung des Dalai Lama, ja des Buddhismus in der Öffentlichkeit fällt stark auseinander: Auf der einen Seite gibt es den Dalai Lama »für alle Lebenslagen«, der dem institutionenmüden Westen Wege zu Weisheit und Glück aufzeigt. Hier finden sich die Aphorismen für alle Tage. Der mittlere Weg der Erkenntnis eines Management-Seminars, wo es mehr um Work-Life-Balance geht als das tiefe Wissen um die Verbundenheit allen Seins. Doch es gibt auch die andere Seite: Lehrschriften und Unterweisungen, die das religiöse Wissen eines ganzen Kontinents in sich tragen. Kalendertauglich sind sie nicht. Sie zeigen Wege der Selbstverbesserung, aber vor allem der religiösen Hingabe und Disziplin, wie sie für die Gläubigen aller Religionen typisch sind. Die buddhistischen Lehrschriften enthalten jedoch etwas, was in der westlichen Rezeption merkwürdig ausgeblendet wird: Sie beschäftigen sich intensiv mit Tod und Vergänglichkeit. Der Tod, seine bewusste Annahme und Meisterung, steht im Zentrum vieler Überlegungen. Der Tod und der Kreislauf der Wiedergeburten sind so machtvoll, dass erst sie dem kurzen Leben Richtung und Sinn verleihen. Alle weiteren zentralen Begriffe wie Mitgefühl und Leiden, Leerheit oder Erkenntnis leiten sich letztlich von ihnen ab.

Dieser Band versammelt Stichworte aus beiden Welten: der lebenspraktischen und der spirituell-geistigen. Es sind allesamt Ausführungen des Dalai Lama, die sich an eine interessierte, aber nicht gläubige Leserschaft richten. In seinen zahlreichen Interviews orientiert sich der Dalai Lama immer wieder einfühlsam am Wissens- und Erkenntnisstand des Gegenübers, und das spiegelt sich auch hier.

Darüber hinaus ist der Buddhismus selbst hochgradig komplex. Man kann ihn sich im Ganzen wie einen Berg schweren Stoffes vorstellen, der in sich fein gefaltet und gelegt, eine glatte Oberfläche aufweist, doch bei genauerer

Betrachtung auch dunkle Hohlräume und tiefe Einschnitte aufweist, die weit ins Innere führen. In diesem gefalteten Berg gibt es einfache Erkenntniswege, die vor allem der »Selbstverbesserung« des normalen Menschen dienen sowie hochgradig erleuchtete, die nicht weniger als die Erlösung aller Kreatur von den Leiden der ewigen Wiedergeburt zum Ziel haben.

Eine Anmerkung zum Schluss: Dieses Bändchen greift Begriffe zu Werten und Zielen des Buddhismus auf. Der Buddhismus, genau wie das Christentum und andere Religionen, ist jedoch vor allem ein Weg, eine Lebens*praxis*. Ob geistige Klarheit in der Meditation oder Mitgefühl im Alltag: Nur im Tun, und für uns mittlerweile recht ungewohnt, im *wiederholten Tun* wird alles gewandelt – und so auch wir.

Christina Knüllig

Zum Anfang: Buddhismus

Frage: Wenn ich es richtig verstanden habe, dann hat sich der Kern der buddhistischen Lehre im Laufe der Jahrtausende nicht verändert, auch nicht, als sich diese religiöse Tradition von Indien ausgehend auf dem ganzen asiatischen Kontinent und heute sogar weit über seine Grenzen hinaus verbreitete.

Dalai Lama: Richtig! Natürlich sind an den verschiedenen Orten, an denen sich der Buddhismus etabliert hat, auch einige Aspekte der lokalen Kultur einbezogen worden, sie sind, wie soll ich sagen, ... umgewandelt worden. Dabei handelt es sich aber um Elemente, die niemals etwas mit dem Kern der Lehre zu tun hatten. Es ging dabei immer um Äußerlichkeiten, um Ritualformen, um die »Sprache« des Buddhismus. So gibt es zum Beispiel beachtliche Unterschiede in der Art, wie die Mönche sich kleiden und in der Bauweise der Klöster und Tempel, manchmal auch in der Art und Weise, wie die heiligen Texte rezitiert werden, aber, und jetzt wiederhole ich mich, bezogen auf essenzielle Gesichtspunkte der Geistigkeit, der Philosophie, der buddhistischen Psychologie, gibt es keine Unterschiede. Was zählt, ist einzig und allein die Lehre des *Buddha Shakyamuni*.

Würden Sie uns diese Lehre erläutern?

Was fragen Sie mich bloß für einfache Sachen ... in aller Kürze soll ich eine so alte und vielschichtige Tradition erklären ... ich weiß nicht, ob ich dazu fähig sein werde. Ich weiß auch nicht, ob ich mir da den richtigen Interviewer ausgesucht habe! (Lacht) Aber, Scherz beiseite, ich möchte mit den Vier Edlen Wahrheiten beginnen, die ich als die Grundlage der buddhistischen Lehre definieren würde. Das heißt, die Wahrheit vom Leiden, die Wahrheit von der Entstehung des Leidens, die Wahrheit von der Aufhebung des Leidens und die Wahrheit vom Weg, der zur Aufhebung des Leidens führt. Können Sie mir folgen? Sagen Sie mir, ob meine Art mich auszudrücken für ein Interview geeignet ist, oder ob es zu lehrhaft klingt und ich besser eine einfachere Sprache wählen sollte.

Es ist sehr gut verständlich.

Gut, dann lassen Sie uns fortfahren. Wir sprachen gerade vom Leiden und seinen Ursachen, von der Beendigung der Ursachen und dem Pfad, der zur Beendigung des Leidens führt. Sehen Sie, verschiedene Religionen, zum Beispiel das Christentum, sprechen vom Schmerz im Dasein in einem anderen Sinn als der Buddhismus. Für uns ist das Leiden, wie soll ich sagen, eine Art Krankheit, … eine Krankheit, die durch eine Reihe von ebenso inneren wie äußeren Ereignissen verursacht wird. Das Problem besteht nun darin zu verstehen, dass wir erkrankt sind … und etwas nicht mehr »funktioniert«, vergleichbar einer physischen

Erkrankung. Zuerst musst du feststellen, dass du krank bist, dann musst du einen Arzt aufsuchen, der die erforderlichen Analysen durchführt, um zu verstehen, was nicht funktioniert, und schließlich wirst du die geeignete Medizin zu deiner Heilung nehmen können. Und dies ist genau der Prozess der inneren Einsicht, den Buddha *Shakyamuni* aufgezeigt hat. In der ersten Edlen Wahrheit geht es um die Entdeckung der Krankheit, um das Leiden, das der menschlichen Existenz eigen ist. Die zweite Edle Wahrheit besagt, dass es nicht ausreicht, nur die Existenz des Leidens festzustellen, sondern dass auch seine Ursachen, Triebfedern und Ursprünge ergründet werden müssen. Die dritte Edle Wahrheit zeigt auf, dass es möglich ist, dem Leiden ein Ende zu setzen. Nachdem man das Leiden identifiziert hat, seine Ursachen erkannt hat, sieht man auch, dass eine Aufhebung des Leidens möglich ist, dass die Fähigkeit zur Heilung der Erkrankung besteht. Und so gelangt man dann schließlich zur vierten Edlen Wahrheit, dem

Pfad, der zur Heilung und damit zum Ende des Leidens führt.

Zur Erleuchtung?

Am Ende des inneren Weges, der inneren und geistigen Verwirklichung, gelangt man zur Erleuchtung, dem Zustand der Buddhaschaft. Doch bevor ich davon spreche, möchte ich noch bei den Vier Edlen Wahrheiten bleiben, denn ich möchte Klarheit darüber schaffen, welche Wichtigkeit die Erforschung des Leidens vom buddhistischen Standpunkt aus gewinnt.

Gewiss. Im Westen versteht man oftmals nicht, was mit »Leiden« in der buddhistischen Sprache gemeint ist.

In der buddhistischen Auffassung existieren verschiedene Aspekte des Leidens, die grundsätzlich in dem Leiden des Schmerzes, dem Leiden der Veränderung und dem alldurchdringenden Leiden zusammengefasst werden.

Der erste Leidenstypus stimmt mehr oder weniger mit dem physischen Schmerz überein. Der zweite Aspekt des Leidens, der allgemein das Leiden der Veränderung genannt wird, ist sehr wichtig, denn offenbar scheint es sich hier um das Gegenteil von Leid zu handeln. In der Tat sprechen wir dabei über das Glücklichsein ...

Meinen Sie physisches oder geistiges Glücklichsein?

Jede Art von Glücklichsein – physisch, geistig, psychisch. Alles was uns angenehme Gefühle bereitet. Am Anfang scheint dieses Glücklichsein ausgesprochen anziehend zu sein, es bereitet uns große Zufriedenheit. Man schenkt uns etwas, das uns gefällt, wir erhalten vielleicht einen wichtigen Preis ... und schon sind wir glücklich. Manchmal erscheint es uns so, als sei unsere ganze Existenz verändert, aber wenn wir uns dieses Glücklichsein genau anschauen, sehen wir darin den Samen zukünftiger Leiden angelegt ...

Insofern wir Angst davor bekommen, diese Quelle des Glücklichseins wieder zu verlieren?

Ja. Unmittelbar nachdem wir das Glücklichsein erlebt haben, fangen die Probleme an. Das Objekt unseres Begehrens zerbricht, und wir verlieren den erreichten Zustand. Auch wenn das nicht passiert, so müssen wir dennoch befürchten, dass es passieren könnte. Wir werden zu Paranoikern, was unsere Zukunft betrifft. Unser anfängliches Glück löst Probleme aus, die unser Leben verkomplizieren, anstatt es zu vereinfachen. Wir müssen begreifen, dass es sich um eine scheinbare Form von Glücklichsein handelt, wir sind nicht in Kontakt mit einer innewohnenden Freude. Wenn es so wäre, dass mehr erlebtes Glück zu mehr Freude führen würde ... – Aber wir haben gesehen, dass dies nicht der Fall ist. Wie Sie bereits sagten, bekommen wir sofort Angst, unsere Quelle der Freude wieder zu verlieren, ... oder sie bricht entzwei, oder wir werden ihrer beraubt, ... oder wir ermüden uns ganz einfach daran, und ein

Gefühl von Langeweile und Überdruss tritt an die Stelle unseres anfänglichen Enthusiasmus. Damit ist das Leiden der Veränderung gemeint, weil es gerade die Veränderung ist, die die Natur dieses Leidens evident macht. Abschließend haben wir den dritten Typus von Leiden, das alldurchdringende Leiden, das mit den beiden ersten eng verknüpft ist und, wie soll ich sagen, den Boden bereitet, auf dem erstere fußen. Er stellt die Grundlage aller jetzigen und zukünftigen Leiden dar. *(9)*

Anhaftung

DIE ANHAFTUNG verstärkt die Begierde, ohne jemals wirkliche Befriedigung verschaffen zu können. Es gibt zwei verschiedene Arten der Begierde und des Verlangens, unvernünftige und vernünftige. Unvernünftige Begierde ist eine Befleckung des Geistes, die auf der Unwissenheit beruht. Vernünftige Begierde ist jedoch keine Befleckung des Geistes, die auf der Unwissenheit beruht. Um leben zu können, brauchen Sie Ressourcen. Daher ist das Verlangen nach genügend materiellen Gütern angemessen. Gefühle wie: »Das ist gut. Ich möchte es haben. Es ist nützlich.«, sind keine geistigen Befleckungen. Ebenso ist es wünschenswert, Nächstenliebe und Weisheit zu entwickeln und die Befreiung zu erlangen. Eine solche Art der Begierde ist ebenso angemessen. In der Tat entstammt jede menschliche Entwicklung aus dem Verlangen, und solche Bestrebungen sind nicht notwendigerweise eine Befleckung des Geistes.

Wenn Sie beispielsweise Vertrautheit und Verbundenheit mit allen fühlenden Wesen entwickelt haben und den Wunsch, dass sie alle Glück erreichen mögen, dann ist ein solches Verlangen begründet und stichhaltig, da es unvoreingenommen ist und alle Lebewesen umfasst. Wahrscheinlich ist unsere jetzige Liebe, die auf unsere Freunde und Familie begrenzt ist, sehr stark durch unwissende Anhaftung beeinflusst und damit voreingenommen.

Unvernünftige oder kontraproduktive Begierde ist eine übertriebene Anhaftung an Dinge und führt unvermeidlich zu einem Mangel an Zufriedenheit. Fragen Sie sich selbst, ob Sie die meisten dieser Dinge wirklich benötigen, und die Antwort wird »Nein« sein. Diese Art des Verlangens ist grenzenlos, kann niemals Befriedigung finden und führt letztendlich zu Leiden. Dieser Art von Begierde müssen sie Einhalt gebieten.

Im Anfangsstadium der Übung ist es schwierig, zwischen nützlicher Begierde und leidbringender Begierde zu unterscheiden. Es kann sein, dass eine Praktizierende oder ein Praktizierender Liebe und Mitgefühl empfindet, aber immer noch die unwissende Vorstellung aufrechterhält, dass sie selbst und das Objekt dieser Liebe und dieses Mitgefühls inhärent existent sind. Am Anfang der spirituellen Übung kann sogar die Unwissenheit ein Hilfsmittel für die Erleuchtung sein. Wenn Sie damit beginnen, Liebe und Mitgefühl zu entwickeln und zu entfalten, wäre es ein Fehler, mit der Übung aufzuhören, auch wenn Unwissenheit und Anhaftung darin enthalten sind. Hier ist die einzig gute Entscheidung die, mit der Übung fortzufahren. Es ist nicht möglich, die Anhaftung einfach dadurch zu überwinden, dass Sie Ihren Geist von den Objekten zurückziehen. Stattdessen müssen Sie die Anhaftung überwinden, indem Sie durch die Übung das Gegenteil der Unwissenheit erkennen und verwirklichen.

Wenn Sie jedoch an materiellen Dingen anhaften, dann ist es am besten, wenn Sie von jenen Handlungen Abstand nehmen die noch größerer Anhaftung Vorschub leisten würden.

Zufriedenheit ist nützlich, wenn es sich um materielle Dinge handelt, aber nicht im Hinblick auf die spirituelle Übung. Dinge, an die wir Anhaftung entwickeln, sollten aufgegeben werden, wohingegen wir uns der spirituellen Weiterentwicklung annehmen sollten, da diese ins Unendliche vervollkommnet werden kann, selbst im hohen Alter. [...]

Die allgemeine Vorgehensweise eines kleingeistigen weltlichen Lebens kann unter den »acht weltlichen Anliegen« zusammengefasst werden:

Mögen / Nicht-Mögen
Gewinn / Verlust
Lob / Tadel
Ruhm / Schande

In einem weltlichen Leben werden Sie unglücklich, wenn die vier unvorteilhaften dieser acht weltlichen Anliegen Ihnen oder Ihren Freunden zustoßen. Und Sie freuen sich, wenn sie Ihren Feinden widerfahren. Derartige Reaktionen orientieren sich alle am Handeln der anderen, wohingegen sich wirkliche Liebe und

Mitgefühl nicht an Handlungen orientieren, sondern auf der entscheidenden Erkenntnis basieren, dass diese fühlenden Wesen Glück erlangen und Leiden vermeiden möchten, genau wie Sie selbst, und dass daher alle gleich sind. Einige Handlungen sind gut, andere Handlungen sind schlecht: Doch die Ausführenden dieser Handlungen sind allesamt fühlende Wesen, die sich nach Glück sehnen. Wir müssen immer wieder diese Perspektive einnehmen. Handlungen sind zweitrangig, da sie manchmal positiv und manchmal negativ sind und sich immer verändern. Doch die Tatsache, dass die Lebewesen sich Glück wünschen und Leiden vermeiden wollen, verändert sich niemals. […]

Einer Liebe, die aufgrund von Begierde und Hass voreingenommen und parteiisch ist, müssen wir ein Ende bereiten. Eine derartige Liebe wird von unvernünftiger und leidbringender Begierde beeinflusst und bringt zwangsläufig auch Hass all dem entgegen, was sich ihr in den Weg stellt. Und mit diesem Hass gehen Eifersucht und alle möglichen Probleme einher. Obwohl Begierde und Lust keinen direkten Schaden anrichten, bringen sie jedoch indirekt all jene Kräfte hervor, die Schaden verursachen. Der Prozess des Ausdehnens der Liebe beginnt deshalb mit der Entwicklung von Gleichmut. Nachdem Gleichmut entwickelt wurde, ist der springende Punkt nicht mehr der, ob ein bestimmter Mensch gut oder schlecht ist, sondern der, dass sich dieser Mensch, genau wie wir selbst, nach Glück sehnt und Leiden vermeiden möchte. Da dieser Wunsch allen fühlenden Wesen innewohnt, können Sie von dieser Erkenntnis in Bezug auf alle Lebewesen Gebrauch machen. Dadurch wird das Fundament Ihrer Liebe sehr stabil. Wenn Sie einmal den Schwerpunkt auf die Gleichheit der anderen Lebewesen mit Ihnen selbst gelegt haben, dann hat Ihre Liebe eine solide Grundlage, die nicht in Abhängigkeit von zeitbedingten Umständen hinund herschwankt. [...]

Einer der Hauptgründe für die Entstehung von Begierde und Hass ist der, dass wir zu sehr an diesem Leben anhaften. Wir möchten daran glauben, dass dieses Leben ohne Ende ist, dass es ewig andauern wird. Und so konzentrieren wir uns allzu sehr auf vorübergehende Faktoren und legen zu viel Wert auf materielle Dinge. Dies können wir einzig und allein dadurch umgehen, dass wir darüber nachdenken, dass alles vergänglich ist und vorübergehen wird; auch Sie sind vergänglich, werden vorübergehen und sterben. Wie der tibetische Meister *Thogme Sangpo* sagt, der Ende des 13. Jahrhunderts gelebt hat:

Enge Freunde, die lange zusammengelebt
haben, werden auseinandergerissen,
Unter großen Mühen erworbener Besitz wird
zurückgelassen,
Der Gast, das Bewusstseins, verlässt das
Gasthaus, den Körper.

Daher ist es die Übung altruistischer Menschen, diesem Leben zu entsagen und den Griff dieses Lebens zu lockern.

Wie lange wir auch leben werden, allerhöchstens jedoch etwa einhundert Jahre, müssen wir schließlich sterben und werden dieses kostbare menschliche Leben verlieren. Und das könnte jeden Augenblick passieren. Dieses Leben wird sich auflösen, egal, wie viel Reichtum und Besitz wir auch haben mögen. Kein noch so großer Reichtum kann uns eine Verlängerung unseres Lebens erkaufen. Am Tage unseres Todes wird nichts von all den Dingen, die wir angesammelt haben, uns helfen können. Alles muss zurückgelassen werden. […]

Die Anhaftung an eine enge Freundin oder an einen engen Freund kann so stark sein, dass sie dazu führt, den geliebten Menschen während seines Todes zu stören oder gar aus der Fassung zu bringen. Wenn man heftig die Hand der oder des Sterbenden ergreift und voller Tränen sie oder ihn umarmt und sogar laut jammert und weint, dann kann ein solches Verhalten die Möglichkeit zunichte machen, dass der sterbende Mensch eine heilsame geistige Einstellung entwickelt, indem man ihn nämlich dazu bringt, sich an sein zu Ende gehendes Leben zu klammern. Während des Sterbens sollten anwesende Freunde die Bedingungen für heilsame

Gedanken schaffen, indem der oder die Sterbende mit sanfter Stimme an religiöse Anweisungen und Übungen erinnert wird. Er oder sie sollte daran erinnert werden, dass während des Todes viele ungewöhnliche Erscheinungen auftreten werden, die vom Karma verursacht sind. Es ist von entscheidender Bedeutung zu verstehen, dass es sinnlos ist, an den angenehmen Erscheinungen anzuhaften oder zornig auf die unangenehmen Erscheinungen zu werden. *(2)*

Bedürfnislosigkeit

Das Glück hat viele Ebenen. Ich stelle mir das Glück als ein harmonisches Zusammenspiel von innerem Frieden im Herzen des einzelnen Menschen und von äußerem Weltfrieden unter den Völkern vor. […] Mancher meint, dass Menschen, die in Saus und Braus leben und ohne große Anstrengungen ihre Tage genießen, ein wirklich glückliches Leben führen. Aber Reichtum ist keine Garantie für das Glück. Oft wachsen mit dem Geld auch die Sorgen. Je mehr man besitzt, desto mehr kann man auch verlieren. Kaum hat man etwas erworben, schon ängstigt man sich vor dem Verlust. Wer sich aus purer Habgier etwas kauft, wird bald merken, dass es andere gibt, die noch mehr besitzen. Man kommt auf diesem Weg nie zur Ruhe. Es gibt zwei Arten, Glück und Leid zu erfahren, auf der geistigen und auf der körperlichen Ebene. Ich glaube, dass die geistige Ebene ausschlaggebend ist. *(5)*

Bereitschaft

EINES TAGES sagte der Lehrer, um seinen Schüler anzuspornen: »Irgendwann werden wir ganz bestimmt einen Ausflug machen.« Ein paar Tage später hatte er das vergessen. Doch der Schüler erinnerte den Lehrer an sein Versprechen. Der Lehrer antwortete, er sei viel zu beschäftigt und könne bis auf weiteres keinen Ausflug machen. Viel Zeit verging; kein Ausflug. Wieder erinnerte der Schüler den Lehrer: »Wann machen wir endlich diesen berühmten Ausflug?« Der Lehrer sagte: »Jetzt nicht. Ich bin viel zu sehr beschäftigt.« So geschah es, dass der Schüler eines Tages sah, wie man einen Leichnam forttrug. Und der Lehrer fragte ihn: »Was ist passiert?« Der Schüler antwortete: »Nun, dieser arme Mensch macht einen Ausflug!« Der springende Punkt ist: Solange Sie sich für das, was Ihnen in Ihrem Leben wichtig ist, keine Zeit freihalten, wird es immer andere Verpflichtungen geben. *(5)*

Dankbarkeit

WENN WIR uns Regen wünschen und es dann regnet, sind wir dankbar, obwohl der Regen keine Absicht hatte, uns zu Hilfe zu eilen. Oder wenn wir uns ein erquickendes Wäldchen wünschen, um darin spazieren zu gehen, freuen wir uns darüber, wenn wir solch ein Wäldchen finden und sind dankbar dafür, auch wenn die dort stehenden Bäume keine Absicht haben, uns von Nutzen zu sein. Auf ähnliche Weise versorgen uns andere Lebewesen mit allem, was wir für unser Leben brauchen. Andere Lebewesen helfen uns, ohne uns zu kennen. In diesem Leben gibt es so viele Annehmlichkeiten, an denen wir uns erfreuen, wie zum Beispiel schöne Gebäude, Straßen und so weiter, die von anderen gebaut worden sind. Wie Sie sehen können, gibt es in diesem Leben Abertausende von Menschen, mit denen Sie nie zusammengetroffen sind, die Ihnen aber Güte und Freundlichkeit entgegenbringen. *(2)*

Depression

ICH BIN überzeugt, dass die menschliche Natur an sich positiv ist, dass sie grundlegend etwas Reines ist. Schon von Geburt an besitzen wir das Potenzial für alle guten Eigenschaften. Dieses Potenzial zu erkennen, ist die Grundlage für Selbstvertrauen. Menschen, die sich in einer schwierigen psychischen Lage befinden, neigen gewöhnlich dazu, nur die negative Seite der Situation zu sehen. Zudem betrachten sie ihre Situation nicht aus einer größeren Perspektive. Hier gibt es zwei Dinge zu bedenken: Ein Ereignis mag noch so tragisch sein, es gibt immer auch einige positive Aspekte. Die Dinge sind relativ. Deshalb sollte man versuchen, die Situation auch aus einem anderen Blickwinkel zu betrachten. Eine andere Möglichkeit, den Blick auf die Situation zu erweitern, entsteht aus dem Verständnis, dass sich nicht nur dieser eine Mensch Problemen gegenübersieht, sondern weitaus mehr Menschen das gleiche oder noch schwierigere Probleme erleben. Der persönliche Fall ist nicht einzigartig. Ich glaube, depressive Menschen haben das Gefühl, als seien sie die einzigen unglücklichen Menschen auf der Welt und als sei ihr Fall im Vergleich zur Situation der anderen hoffnungslos. Doch tatsächlich gibt es viele andere Menschen, die mit noch mehr Schwierigkeiten, Problemen und Leiden konfrontiert sind. Diese Überlegungen tragen dazu bei, den depressiven Zustand zu lindern. *(10)*

Familie

KINDER, DIE in der liebenden Atmosphäre eines Elternhauses aufwachsen, werden sich eher seelisch gesund entwickeln. Sie werden auch in der Schule besser lernen und erfolgreicher sein. Doch der liebevolle Umgang mit Kindern und Jugendlichen soll sich nicht nur auf das Elternhaus beschränken. Auch in der Schule macht es einen großen Unterschied, wie Lehrer ihren Schülern begegnen. Wenn sie kalt, abweisend und ungerecht zu den Schülern sind, werden die Schüler weniger Gefallen am Wissen bestimmter Fachgebiete haben. Zeigen sie hingegen Zuneigung und Mitgefühl und Verständnis, dann werden die Schüler dem Unterricht mit einem viel größeren Interesse folgen. Abneigung und Ungeduld motivieren sie kaum zu guten Leistungen.

Später, wenn sie eine Familie gründen, können sie auch ihren Kindern ein glückliches Elternhaus geben. Das ist wie eine Kette, die sich von Generation zu Generation fortsetzt. Jemand, der ohne Zuneigung aufwachsen muss und dadurch einen Schaden erleidet, befindet sich in einer ganz anderen Lage. Wenn man keine Liebe erfahren hat, weiß man auch nicht, was das ist, und die Beziehungen zu anderen werden oft schwierig. Das könnte als Grundlage für eine allgemeine Ethik unabhängig von Religionen betrachtet werden: Verstehen, Erbarmen und Zuneigung, die man selbst erfahren hat, an andere weiterzugeben. Die Liebe in der ersten Zeit des menschlichen Lebens ist also eine der wichtigsten Voraussetzungen für die ausgewogene Entwicklung der menschlichen Natur. Fehlt sie, dann fühlen sich die Menschen zeit ihres Lebens verunsichert und werden von allen möglichen Ängsten geplagt. [...] Ob man Mitgefühl und liebende Hinwendung erfährt oder nicht, das merkt man bereits am Anfang seines Lebens. Liebe ist die Quelle unseres Lebens. Sie ist für den Menschen so wichtig wie das Wasser für den Fisch. *(5)*

Feinde

Wᴇɴɴ ᴡɪʀ also wirklich den Wunsch haben, uns weiterzuentwickeln, dann sollten wir unsere Feinde als unsere besten Lehrmeister betrachten. Für einen Menschen, der Mitgefühl und Liebe wertschätzt, ist es wesentlich, Toleranz zu üben, und zu diesem Zweck ist ein Feind einfach unentbehrlich. Darum sollten wir unseren Feinden dankbar sein, weil sie uns effektiv dabei helfen – sowohl im privaten als auch im öffentlichen Bereich –, einen ruhigen und gelassenen Geist zu entwickeln. Auch geschieht es dann, dass durch veränderte Umstände aus Feinden Freunde werden.

Ärger und Hass sind immer schädlich, und sofern wir nicht unseren Geist schulen und daran arbeiten, deren negative Rückwirkungen zu verringern, werden sie fortfahren, uns zu stören, und uns daran hindern, einen gelassenen Geist zu entwickeln. Ärger und Hass sind unsere wahren Feinde. Sie sind genau die Kräfte, denen wir uns stellen und die wir besiegen müssen, und nicht unsere vorübergehenden »Feinde«, die während unseres ganzen Lebens immer wieder auftauchen.

Selbstverständlich ist es natürlich und richtig, dass wir uns alle Freunde wünschen. Ich spaße oft, dass wir äußerst selbstlos sein müssen, wenn wir wirklich selbstsüchtig sein wollen! Sie sollten sich gut um andere kümmern, besorgt um ihr Wohlergehen sein, ihnen helfen, dienen, mehr Freundschaften schließen, mehr lächeln. Das Ergebnis? Wenn Sie selbst Hilfe benötigen, werden Sie eine Vielzahl von Menschen finden, die Ihnen helfen werden. Vernachlässigen Sie dagegen das Glück der anderen, werden Sie auf lange Sicht der Verlierer sein. Entsteht Freundschaft durch Streit und Ärger, Eifersucht und ausgeprägtes Konkurrenzdenken? Ich glaube kaum. Allein Zuneigung schenkt uns wirkliche Freunde. [...] Letztendlich ist die Menschheit eins, und dieser kleine Planet ist unser gemeinsames Zuhause. Wenn wir dieses gemeinsame Zuhause schützen wollen, hat jeder von uns die Aufgabe, das belebende Gefühl allumfassender Uneigennützigkeit zu entwickeln. Allein indem wir dieses Gefühl empfinden, kann der rein ichbezogene Wunsch, andere Menschen zu betrügen und für die eigenen Zwecke auszunutzen, aufgelöst werden. Wenn Sie ein aufrichtiges und offenes Herz haben, besitzen Sie ein natürliches Gefühl für Ihren eigenen Wert und sind zufrieden – und es gibt keinen Grund, andere Menschen zu fürchten. Ich bin überzeugt, dass Mitgefühl auf jeder Ebene der Gesellschaft – sei es in der Familie, in einem Stamm, in einer Nation und international – der Schlüssel zu einer glücklicheren und besseren Welt ist. Wir brauchen keiner bestimmten Religion anzugehören oder an eine Ideologie zu glauben. Es ist allein notwendig, dass jeder Einzelne die ihm eigenen positiven menschlichen Qualitäten entwickelt. *(8)*

Freundlichkeit

FREUNDLICHKEIT IST meine wahre Religion. Gleichgültig, ob du studiert hast oder nicht, ob du an Gott glaubst oder Buddha oder irgendeine andere Religion oder nicht: Im Leben von Tag zu Tag musst du ein freundlicher Mensch sein. Wenn du von Freundlichkeit motiviert bist, spielt es keine Rolle, ob du Arzt bist oder Rechtsanwalt, Politiker oder Beamter, Arbeiter oder Ingenieur. Was auch immer dein Beruf oder Arbeitsgebiet ist: Tief im Innern bist du ein freundlicher Mensch. Liebe, Mitgefühl und Toleranz sind Notwendigkeit, nicht Luxus. Ohne sie kann die Menschheit nicht überleben. Wenn du einer bestimmten Überzeugung oder einer Religion angehörst, so ist dies gut. Aber du kannst auch ohne sie überleben, wenn du Liebe, Mitgefühl und Toleranz besitzt. Der klare Beweis für die Gottesliebe eines Menschen ist, dass dieser seinen Mitmenschen echte Liebe zeigt. Um das Glück und Wohl anderer zu fördern, müssen wir eine besondere altruistische Einstellung haben, mit der wir die Bürde auf uns nehmen können, anderen zu helfen. Dazu wiederum müssen wir großes Mitgefühl besitzen, uns des Leidens anderer annehmen und etwas daran verändern wollen. Um schließlich starkes Mitgefühl zu haben, brauchen wir einen ausgeprägten Liebessinn, der beim Anblick fühlender Wesen den Wunsch verspürt, dass sie glücklich sind, der sich über jeden freut und ihm wünscht, dass er glücklich sei, wie eine Mutter es ihrem geliebten Kind ersehnt. Um dir eine Vorstellung von der Nähe zu anderen und für deine Wertschätzung für sie zu machen, denke an eine Person in deinem Leben, die sehr freundlich zu dir war. Dann dehne die Dankbarkeit, die dich erfüllt, auf alle Wesen aus. *(15)*

Freundschaft

WENN MAN nur an sich selbst denkt und die Rechte und das Wohlergehen der anderen gering schätzt oder schlimmer noch – sie ausbeutet, wird man am Ende der Verlierer sein. Man wird niemanden haben, der sich für einen interessiert. Im Falle eines Unglücks werden andere keine Anteilnahme, sondern eher Schadenfreude empfinden. Wenn wir hingegen altruistisch und mitfühlend an die Interessen anderer denken, haben wir, wohin wir auch gehen, Freunde und erfahren im Unglück von allen Seiten, Beistand und Hilfe.

Echte Freundschaft wächst auf dem Boden der Zuneigung und nicht auf der Basis von Macht oder Geld. Wenn man einflussreich und wohlhabend ist, zieht das viele Menschen an, die einem Geschenke machen und liebenswürdig lächeln. Doch diese Art von Freunden sind sofort verschwunden, wenn Ihr Einfluss und Ihr Vermögen schwinden, keiner von ihnen wird den ernstlichen Versuch machen, Ihnen dann zu helfen. So sieht die Realität aus.

Freundschaft beruht auf Zuneigung, ohne Rücksicht auf Ihre Position. Je mehr Sie sich um das Wohl und die Rechte anderer sorgen, desto mehr sind Sie echter Freundschaft fähig. Je offener und ehrlicher Sie sind, umso mehr werden Sie letztendlich gewinnen. *(5)*

Geduld

GEDULD HAT viele Facetten, ihr wichtigster Aspekt aber ist das Ertragen von Unrecht und die freudige Bereitwilligkeit, schwierige Situationen zu akzeptieren. Letzteres ist von größtem Nutzen für das Entwickeln von Beharrlichkeit; und beharrliches Streben wiederum verhilft uns zur Buddhaschaft. [...] Beharrliches Streben ist die Begeisterung für das Gute. Sich darin zu üben heißt, alles auszuschalten, was die Begeisterung dämpft. Der größte Widerstand kommt von der Trägheit, die sich auf dreifache Weise ausdrücken kann: in einem mangelnden Interesse an dem, was heilsam ist, in einer Neigung zu dem, was nicht heilsam ist, und in einer Geringschätzung unserer eigenen Person, die uns an unseren Fähigkeiten zweifeln lässt. *(14)*

Geist

ALLE BUDDHISTISCHEN Schulen sagen, dass Existenz und Nichtexistenz durch gültige Erkenntnis bestimmt werden können. Von dieser Perspektive aus betrachtet, scheinen das wahrgenommene Objekt und das wahrnehmende Subjekt gleich stark zu sein. Das höchste buddhistische Lehrsystem, das die Schule des Mittleren Weges genannt wird, und innerhalb dieses Lehrsystems die Konsequenzschule, entwickeln diesen Gesichtspunkt noch weiter: Sie stellen fest, dass es nicht so ist, dass ein gültiges Bewusstsein Dinge findet, die aus eigener Kraft heraus existieren. Vielmehr ist es so, dass diese Dinge abhängig davon sind, von begrifflichem Denken konstituiert zu werden. Nichts kann außerhalb begrifflichen Denkens existieren, und alles wird als vom Geist abhängend gesehen. Der Geist ermächtigt und bevollmächtigt. Der Geist erschafft die Welt. Das ist der Grund, warum die buddhistischen Schriften immer wieder sagen, dass das »Ich«

und alle anderen Phänomene nur durch die Kraft begrifflichen Denkens existieren. Obwohl das »Ich« in Abhängigkeit von Geist und Körper besteht, sind Geist und Körper nicht das »Ich«, noch ist das »Ich« der Geist und Körper. Das »Ich« wird in Abhängigkeit von Geist und Körper hervorgebracht, aber innerhalb von Geist und Körper gibt es nichts, was das »Ich« wäre. Das »Ich« und alle anderen Phänomene werden nur durch den Geist erschaffen. Wenn Sie dies verstehen, dann bekommen Sie eine Ahnung davon, dass Menschen nicht in und aus sich selbst heraus existieren. Sie sind nur etwas in Abhängigkeit Entstandenes. Und wenn Sie dann sehen, dass Phänomene normalerweise nicht so erscheinen, als ob sie unter dem Einfluss von begrifflichem Denken stünden, sondern vielmehr aus eigener Kraft heraus zu existieren scheinen, dann werden Sie erkennen: »Ah! Das ist es, was widerlegt wird.« *(1)*

Gelassenheit

GEISTIGE RUHE und Gelassenheit sind eine wichtige Bedingung für gute Gesundheit. Hierfür brauchen Sie keinen Arzt, schauen Sie in Ihr Inneres, versuchen Sie, etwas von Ihrem Potenzial zu nutzen. Dies kommt außerdem billiger! Der zweite Umstand, der zu unserem Glück beiträgt, ist materieller Wohlstand und Komfort. Ob wir aus seiner Nutzung Befriedigung ziehen oder nicht, hängt wiederum von unserer geistigen Einstellung ab. Manchmal, wenn ich früh aufwache und auf meine Uhr blicke, fühle ich mich bedrückt. An anderen Tagen ist meine Stimmung angenehm und friedlich, vielleicht aufgrund von Vorkommnissen am Vortag. Wenn ich dann auf meine Uhr blicke, scheint sie mir wunderschön. Die Uhr ist doch dieselbe, nicht wahr? Es ist meine geistige Einstellung, die den Unterschied macht. *(5)*

Genügsamkeit

Iᴄʜ ɢʟᴀᴜʙᴇ, dass es auch für Menschen, die nicht religiös sind, wichtig ist, sich von Habgier zu lösen und genügsam zu werden. Wer keine Genügsamkeit kennt, will immer noch mehr haben. Auch wenn er die ganze Welt besäße, wäre er doch nicht zufrieden. Außerdem sind Reiche oft sehr einsam. Sie können nie wissen, ob andere sie selbst lieben oder ihren Reichtum und ihren Einfluss. Meist verschwinden ja die vielen falschen Freunde wie der Schnee unter der Sonne, wenn der Reichtum verlorengeht. […] Im Westen war ich einmal bei einem sehr wohlhabenden Mann eingeladen. Er lebte in einem eleganten und schönen Haus. Doch im Badezimmer standen viele Fläschchen mit Beruhigungs- und Schlaftabletten. Für mich ist das zum Sinnbild geworden, dass, wenn jemand auch alles hat, er deswegen noch lange nicht glücklich zu sein braucht. *(11)*

Gesundheit

Auf der allgemeinen, menschlichen Ebene machen Gesundheit, materieller Wohlstand und gute Freunde unser Glück aus. Was die Gesundheit betrifft, so sind negative Emotionen ihr sehr abträglich. [...] Wenn Sie gelassen bleiben, bleibt auch Ihr Blutdruck normal, was für Ihre Gesundheit förderlich ist. Ich habe keine wissenschaftliche Erklärung dafür, ich weiß nur, dass meine eigene körperliche Verfassung sich mit zunehmendem Alter verbessert, obwohl ich immer die gleiche Arznei einnehme, den gleichen Arzt habe, das gleiche Essen. Es muss also an meiner geistigen Einstellung liegen. Manchmal sagt man mir: »Sie haben sicherlich ein tibetisches Spezialmittel.« Nein, habe ich nicht! *(5)*

Gewalt

THEORETISCH GESEHEN, mag Gewalt unter seltenen und besonderen Umständen akzeptabel sein. Das wird aus einer der Geschichten um Buddha deutlich, die als Gedicht überliefert wurde. Es gab einmal den Kapitän eines Schiffes, auf dem sich 500 Händler befanden, und unter diesen 500 war einer, der die anderen 499 Händler töten wollte, um an deren Besitz und Wohlstand zu kommen. Der Kapitän war eine der früheren Inkarnationen Buddhas; in einem früheren Leben war er ein *bodhisattva*, aber noch kein *buddha*. Er warnte davor, derartige Gedanken zu realisieren. Trotz mehrerer Warnungen hörte dieser Zeitgenosse nicht auf den Buddha, gab seine Pläne nicht auf, sondern feilte sie noch aus. Da entschied sich der Kapitän zu handeln, um die 499 Menschen zu retten und die Sünde des Mordes an 499 Menschen zu verhindern, indem er diesen einen Menschen tötete. Um diesen Menschen zu retten, beging er selbst eine Sünde, nämlich die Tötung dieses Menschen. Er tötete diesen Menschen aus diesem Motiv heraus und unter diesen Umständen. Theoretisch gesehen ist dies absolut richtig. Wenn man diesen Menschen seinen Plan hätte ausführen lassen, hätte er die Sünde begangen, 499 Menschen zu töten und wäre später mit den schlimmen Folgen konfrontiert worden. Durch seinen Tod wurde sein gegenwärtiges Leben verkürzt, weiter nichts. Mit den schwerwiegenderen Konsequenzen seiner geplanten Tat verglichen, verblasst dieses Leiden. Der Kapitän besaß keine selbstsüchtigen Motive wie »Ich möchte nicht töten«, was in diesem seltenen Fall ein selbstsüchtiges Motiv gewesen wäre. Also handelte er. So ist Gewalt unter bestimmten Umständen und wenn sie wirklich auf reinen Motiven beruht, erlaubt, um die schlechten Taten anderer zu verhindern. Es mag beispielsweise notwendig sein, um Handlungen anderer zu unterbinden, tatkräftig und mit Gewalt zu reagieren. Aber man sollte dabei nicht sein äußerstes Mitgefühl und seine mitfühlenden Gedanken verlieren. Sehen Sie, es lassen sich zwei Arten der Motivation unterscheiden: eine, die ursächlich bedingt ist und eine andere, die zur Zeit der tatsächlichen Handlung aufkommt. Die spontane Motivation und die distanzierte Motivation. Die distanzierte oder ursächliche Motivation wird durch Mitgefühl und Liebe ausgedrückt. Die spontane Motivation entspricht einer Art von Zorn. Dieser Zorn selbst ist ohne Zweifel schlecht; aber um aus spontaner Motivation heraus tatkräftig zu handeln, ist bisweilen Zorn nötig. *(10)*

Gewissheit

SELBSTVERTRAUEN DARF nicht mit Stolz verwechselt werden. Stolz heißt, eine hohe Meinung von sich zu haben, die durch nichts gerechtfertigt wird, während Selbstvertrauen die berechtigte Gewissheit ist, etwas erreichen zu können. Diese Gewissheit, diese Entschlossenheit, sich nicht entmutigen zu lassen, ist eine große innere Kraft. Sie hilft uns bei der Ausführung unserer Taten, beim Umgang mit den Geistesgiften und gibt uns die dazu nötige Stärke. Gewöhnliche Menschen sind bereit, große Mühen für geringfügige Ziele auf sich zu nehmen. Wir, die wir ein so hohes Ziel verfolgen, sollten Vertrauen in unser Handeln haben und denken: »Ich selbst kann das Wohlergehen der Lebewesen erreichen, es gibt nichts, das über meine Kräfte geht.« *(14)*

Glück

IN UNSEREM Grundwesen unterscheiden wir Menschen uns kaum voneinander; denn schließlich sind wir alle Teil desselben Planeten. Alle wollen aus derselben angeborenen Natur heraus Glück erstreben und Leiden vermeiden. Wir alle haben eine gesunde und gute Selbsteinstellung und wünschen das Gute. Nun, in Hinblick auf materielle Entwicklungen haben wir schon sehr viel erreicht, und jedes Volk auf diesem Planeten bemüht sich um bessere Möglichkeiten und Bedingungen und versucht, für sich eine wohlhabende und erfolgreiche Gesellschaft aufzubauen.

Irgendwann können wir dieses Ziel vielleicht verwirklichen. Jedoch ist für menschliches Glück materieller Fortschritt alleine nicht ausschlaggebend. Der Grund dafür ist recht einfach: Wir Menschen sind nicht das Produkt von Maschinen; nein, wir sind mehr. Und deshalb benötigen wir für unser Glück mehr als nur äußere Gegenstände.

Das Wichtigste im Leben ist menschliche Zuneigung und Liebe. Ohne diese können wir echtes menschliches Glück nicht gewinnen. Wenn wir also ein glücklicheres Leben, eine glücklichere Familie, glücklichere Nachbarn oder ein glücklicheres Volk wollen, liegt der Schlüssel dafür in den inneren Qualitäten. Selbst wenn alle Menschen, die diesen Planeten bevölkern, Millionäre werden würden, gäbe es ohne innere Entwicklungen keinen Frieden oder andauerndes Glück. Einige Menschen mögen durchaus sehr reich sein, aber dennoch sehen wir sehr oft, dass sie ganz und gar nicht glücklich sind. Zuneigung, Liebe und Mitgefühl sind einige der wichtigsten Elemente in unserem Leben. Seelischer Frieden ist entscheidend für eine gute Gesundheit. Selbstverständlich haben gute materielle Ausgangsbedingungen, eine gut entwickelte Gesundheitsversorgung und gesunde Ernährung ihr Gewicht; aber Glück ist der wichtigste Faktor für (nicht nur körperliche) gute Gesundheit. [...] Echtes Mitgefühl wird erweckt, wenn wir erkennen, dass Menschen, die leiden, unglücklich sind oder in Armut leben, genau wie wir glücklich sein wollen. Mitgefühl meint das Entwickeln eines echten Interesses für das Wohlergehen dieser Mitmenschen. Im Allgemeinen gehen wir beim Mitgefühl als einem Gefühl von Nähe zu unserem Freundeskreis aus, aber eigentlich ist diese Sichtweise durch unsere geistige Projektion einseitig gefärbt. Solange der »vertraute« Mensch ein naher Freund oder eine enge Freundin ist, haben wir ihm oder ihr gegenüber eine positive Einstellung. Sobald sich jedoch Gesinnung und Gefühle ändern, verschwindet auch dieses Mitgefühl beziehungsweise Mitfühlen. Im Grunde handelt es sich also nicht um aufrichtiges Mitgefühl, sondern um eine von sich leicht ändernden Emotionen abhängige Bindung.

Echtes und tiefes Mitgefühl bedeutet, dass wir uns auf eine soziale menschliche Situation einlassen und uns mit ihr und den darin beteiligten Personen auseinandersetzen, gleichgültig ob diese uns nahestehen oder nicht. Unverändert bleibt nämlich die Tatsache bestehen, dass die betreffende Person ein Problem hat und leidet; und sie besitzt dasselbe Anrecht darauf wie ich, Leiden zu überwinden und glücklich werden zu können. [...]

Einige Menschen meinen, dass Mitgefühl, Liebe und Vergebung religiöse Aspekte sind. Aber dem ist ganz und gar nicht so. Liebe und Mitgefühl oder Mitempfinden (was nicht mit Mitleid zu verwechseln ist) sind unabdingbar. *(3)*

Gut und Böse

Gut und Böse sind aus buddhistischer Sicht relativ und hängen von verschiedenen Faktoren ab. Unter bestimmten Bedingungen ist etwas gut, unter anderen Vorzeichen kann das Gleiche sich zum Schlechten wenden. Es gibt also kein absolutes Schlechtes und kein absolutes Gutes. Wir müssen das je nach den gegebenen Umständen neu beurteilen und entscheiden. Aber allgemein kann man sagen, dass alle Handlungen oder alle Faktoren, die uns Glück oder Befriedigung bringen, gut sind; umgekehrt ist alles, was uns Schmerz und Unglück bereitet, schlecht. Die letzte Entscheidung über gut oder schlecht beruht auf Erfahrung und Gefühl. Unser Geist hat das letzte Wort. Ich glaube, dass es geistige Ruhe und Friedlichkeit sind, die uns Entspannung und Glück bringen. Das gilt für jeden. *(3)*

Güte

JEDER EINZELNE von uns ist für die ganze Menschheit verantwortlich. [...] Wenn man versucht, die eigenen selbstsüchtigen Antriebe – Zorn und so weiter – zu besiegen und mehr Güte und Mitgefühl gegenüber anderen zu entwickeln, wird der eigene Nutzen größer sein, als wenn man dies nicht täte. Ich sage daher manchmal, dass der kluge Selbstsüchtige dies zu seinem Prinzip machen sollte. Törichte Selbstsüchtige denken immer an sich selbst, und das Ergebnis ist negativ. Kluge Selbstsüchtige denken an andere, helfen anderen, so gut sie können, und das Ergebnis ist, dass auch sie einen Vorteil davon haben. Dies ist meine schlichte Religion. Man braucht keine Tempel, man braucht keine komplizierte Philosophie. Unser eigenes Gehirn, unser eigenes Herz ist unser Tempel, die Philosophie heißt Güte. *(5)*

Herzensgüte

DIE HEUTIGE Welt wird zusehends materialistischer. Die Menschheit nähert sich, getrieben von dem unersättlichen Verlangen nach Macht und ausgedehntem Besitz, dem Zenit äußerer Entwicklungsmöglichkeiten. In diesem vergeblichen Streben nach äußerer Vervollkommnung der Welt mit ihren relativen Werten entfernt man sich jedoch immer weiter von innerem Frieden und geistigem Glück. Wir alle können dies bezeugen. Denn wir alle werden in dieser furchtbaren Zeit der Massenvernichtungswaffen von unaufhörlichen Ängsten geplagt. Es wird immer dringlicher, dass wir das geistige und spirituelle Leben als die eigentliche stabile Grundlage für das Erlangen von wahrhaftem Glück und Frieden anerkennen.

Deshalb bete ich dafür, dass das kostbare Licht der Spiritualität für lange Zeit in dieser Welt weiterbestehen und die dunklen Schatten einer nur materialistischen Weltsicht aufhellen möge. Wir alle müssen den Willen stärken, große Anstrengungen auf uns zu nehmen, dass dieses Licht fest in unserem Herzen bewahrt wird und sich von dort in der Welt verbreiten kann. Nur so können die Herzen aller für seine heilende Kraft geöffnet werden. Wenn wir einen solchen Entschluss fassen, entgehen wir dem Weg der weltlichen Macht, da die heilende Kraft des Geistes auf natürliche Weise dem Weg des Geistigen nachfolgt. Diese heilende Kraft steckt nicht in den Steinen schöner Gebäude, nicht im Gold von Statuen, nicht in der Seide, aus der schöne Kleider geschneidert werden, und auch nicht in dem Papier der Heiligen Schriften, sondern sie ist in der unaussprechlichen Essenz des Geistes und der Herzensgüte der Menschen zu finden. *(5)*

Hoffnung

WENN MAN in einer schwierigen Phase steht, kann man in der Weise reagieren, dass man seine Entschlusskraft oder Hoffnung verliert und deprimiert wird. Dies ist natürlich sehr traurig, sehr negativ. Die schwierige Situation kann aber auch die Augen für die wirkliche Situation, die Wahrheit, öffnen. Man sehe sich die menschliche Geschichte an. Die menschliche Geschichte ist gewissermaßen eine Geschichte des menschlichen Denkens. Historische Ereignisse, Kriege, gute Entwicklungen, Tragödien ... all dies sind Zeugnisse negativen oder positiven menschlichen Denkens. All die großen Menschen, die Befreier, die großen Denker, all diese großen Persönlichkeiten der Vergangenheit sind aus positivem Denken hervorgegangen. Tragödien, Tyrannei, all die schrecklichen Kriege, all die negativen Dinge sind durch negatives menschliches Denken geschehen. Im menschlichen Geist sind sowohl positive wie negative Gedanken potenziell vorhanden. Deshalb ist es für den Menschen das einzig Sinnvolle, das positive Denken zu entwickeln, dessen Macht oder Kraft zu steigern und das negative Denken zu verringern. Wenn man dies tut, wird einem durch Menschenliebe, Nachsicht und Güte mehr Hoffnung und Entschlusskraft zuteil. Hoffnung und Entschlusskraft aber bringen eine hellere Zukunft. Wenn man seinem Zorn oder Hass nachgibt, ist man verloren. Kein vernünftiger Mensch möchte verloren sein. Dies ist keine spirituelle Lehre, keine moralische Anweisung. Es ist eine Tatsache, die man anhand der alltäglichen Erfahrung überprüfen kann. Wenn man also menschliche Entschlusskraft entwickeln will, braucht man Hoffnung. Um Hoffnung zu entwickeln, braucht man Mitgefühl und Liebe. Liebe und Mitgefühl sind die Grundlage für Hoffnung und Entschlusskraft. Deshalb betont jede spirituelle Lehre der Welt die Bedeutung von Liebe und Güte. *(12)*

Ich-Erkenntnis

Im Buddhismus hat der Begriff »Selbst« zwei Bedeutungen, die wir deutlich voneinander trennen müssen, um keine Verwirrung zu verursachen. Die eine Bedeutung von »Selbst« ist »Person« oder »Lebewesen«. Damit ist ein Lebewesen gemeint, das liebt und hasst, das Handlungen ausführt und dadurch gutes und schlechtes Karma anhäuft, das die Früchte dieser Handlungen erfährt, das im Daseinskreislauf wiedergeboren wird und das sich auf dem spirituellen Weg üben kann und so weiter. Die andere Bedeutung des Begriffes »Selbst« kommt in dem Wort »Selbst-Losigkeit« vor und bezieht sich auf die irrtümlich vorgestellte und überkonkretisierte Existenzweise von Dingen und Phänomenen, die wir »inhärente Existenz« nennen. Die Unwissenheit, die an solch einer Übertreibung festhält, ist de facto der Ursprung allen Verderbens und die Mutter aller falschen Einstellungen – man könnte vielleicht sogar sagen: Diese Unwissenheit ist dämonisch. Der unwissende Geist betrachtet das »Ich«, welches von geistigen und körperlichen Attributen abhängt und übertreibt dieses »Ich« zu etwas, das inhärent existiert, obwohl die geistigen und körperlichen Attribute und Elemente, die vom Geist betrachtet werden, in keiner Weise solch ein übertriebenes Wesen beinhalten.

Was ist dann die tatsächliche Existenzweise eines Lebewesens? Genauso wie ein Auto in Abhängigkeit von seinen Bestandteilen wie beispielsweise Rädern, Achsen und so weiter existiert, wird ein Lebewesen in Abhängigkeit von Geist und Körper konstituiert. Weder getrennt vom Geist und Körper noch innerhalb von Geist und Körper kann eine Person gefunden werden. […]

Konzentrieren Sie sich dafür auf die Tatsache, dass es innerhalb Ihres Geistes und Körpers nichts gibt, das Ihr »Ich« sein könnte. Geist und Körper sind leer von einem greifbaren Ich. Vielmehr hängt das »Ich« vom Körper und vom Geist ab, genauso wie ein Auto in Abhängigkeit von seinen Bestandteilen besteht und auch nicht einmal die Summe seiner Einzelbestandteile ist. Ein »Ich«, das unabhängig von Geist und Körper existiert, gibt es nicht, doch es gibt ein »Ich«, das in Abhängigkeit von Geist und Körper und in Übereinstimmung mit den Konventionen dieser Welt existiert. Wenn wir uns darum bemühen zu erkennen, wer wir wirklich sind, dann ist es von großem Nutzen, diese Art von »Ich« zu verstehen: Dieses »Ich« kann innerhalb von Geist und Körper nicht gefunden werden und ist auch nicht die Summe von Geist und Körper. Dieses »Ich« existiert nur durch die Kraft seines Namens und unserer Gedanken. *(1)*

Innere Kraft

Iᴄʜ ᴋᴏᴍᴍᴇ aus einem winzigen Dorf und hatte im Alter von fünfzehn Jahren eine unvorstellbare Verantwortung zu übernehmen. Sie alle sollten sich deshalb von dem großen Potenzial überzeugen, das Sie besitzen, und wissen, dass Sie sich mit Selbstvertrauen und etwas mehr Bemühen wirklich ändern können, wenn Sie es nur wollen. Konzentrieren Sie sich weniger auf die negativen Seiten, wenn Ihnen Ihr Leben unerfreulich scheint oder wenn Sie Schwierigkeiten haben! Sehen Sie die positive Seite, sehen Sie das Potenzial, geben Sie sich Mühe! Dies allein schon garantiert Ihnen einen gewissen Erfolg. [...] Ausschlaggebend für die Beziehung zu unseren Mitmenschen ist also unsere geistige Einstellung. Sie ist der Schlüssel zu unserem Glück und Wohlergehen. Dies gilt für alle, auch für die, die an nichts glauben, die einfach nur aufrechte menschliche Wesen sind. *(5)*

Innerer Friede

MITGEFÜHL IST das Wissen um die Verbundenheit mit den andern. Dieses Bewusstsein, diese Aufmerksamkeit, diese Achtsamkeit, dieser Sinn für den anderen, diese Nähe zum anderen – diese mitfühlende Einstellung ist etwas wirklich Kostbares. Denn sie verleiht uns tatsächlich jenen inneren Frieden, nach dem wir uns sehnen. [...] Das innere Gleichgewicht stabilisiert und verbessert aber auch unser Sozialsystem. Eine mitfühlende Grundhaltung bringt neue Freundschaften hervor – nicht nur mit Menschen, sondern auch mit Tieren. Das lässt sich auch aufs Große übertragen: Mitgefühl ist nicht nur der Schlüssel zur Freundschaft zwischen Individuen, es ist auch der Schlüssel zum Frieden zwischen Völkern und Nationen. Frieden in der Welt kann nur aus dem inneren Frieden der einzelnen Menschen entstehen. *(6)*

Karma

In Hinblick auf Schmerz und Freude gibt es laut dem Buddhismus eine entsprechende Beziehung zwischen Ursache und Wirkung. Die unmittelbare Ursache ist Karma, was soviel wie Handlung oder Tat bedeutet. Die morgigen Ereignisse beruhen zu einem sehr großen Teil auf den gestrigen, das Geschehen des laufenden Jahres auf dem des vergangenen, während die Begebenheiten in diesem Jahrhundert durch die des zurückliegenden vorgeprägt worden sind. Die Taten vorangegangener Generationen wirken sich auf das Leben der Nachkommen aus. Dies ist ebenfalls eine Art von Karma. Es gibt jedoch einen Unterschied zwischen Handlungen, die von einer Gruppe Menschen gemeinschaftlich ausgeführt werden, und denjenigen Taten, die ein Einzelner ausführt. Bei Individuen nehmen die Handlungen und das Verhalten in früheren Lebensabschnitten Einfluss auf die nachfolgenden. Was ist nun also der Grund oder Ausgangspunkt für Handeln? Worin besteht die Motivation des Menschen, so und nicht anders zu handeln? Und, viel bedeutender, was ist oder worin besteht Geist? Ist er das Gehirn, also materiell, oder aber eine Art von durch das Gehirn hervorgerufener Energie, also immateriell? Die Antwort darauf ist: beides. Er (der Geist) ist beides, weil, während unser »grobes«, auf Sinnlichkeit bezogenes Bewusstsein durch die Funktion des Gehirns entsteht, die tatsächliche, entscheidende Quelle für das eigentlich wahre Bewusstsein dagegen das innerste, subtile Bewusstsein ist, das nun gerade wiederum nicht von dem Organ Gehirn und dessen Wirkung abhängt. Und was ist die Basis dieses innersten, nicht weiter zu ergründenden, subtilen Bewusstsein? Es gibt zwei Grundlagen: eine »substanzielle« (in sich beruhende, reale) Grundlage und eine »kooperative« Grundlage (die zusammen mit anderen wirksam ist). Die Menschen brauchten fünf Milliarden Jahre, um ihre gegenwärtige menschliche Wesensart zu bilden. Drei bis vier Milliarden Jahre lang gab es kein Leben; nur einige einfache Primärzellen. Trotz aller menschlicher Evolution bleibt die Frage: Warum ist die gesamte Welt, das ganze Universum oder das Sternsystem überhaupt zur Existenz gelangt? Was war oder ist der Grund dafür? [...] Die buddhistische Antwort besagt, dass die Welt ihre Existenz erhielt als Resultat des Karma derjenigen Wesen, die sich diese einzelnen Galaxien nutzbar machten. [...] Weil es mit Bewusstsein ausgestattete Wesen gab, die die Absicht hatten, dieses Sternsystem zu bewohnen und zu nutzen, brachte ihr Karma das Universum in einer dem Hausbau vergleichbaren Weise hervor. Wir können dies nicht physikalisch erklären, nur auf der Grundlage eines sich weiter fortentwickelnden und sich selbst bedingenden Geistes. Das subtile Bewusstsein oder der Geist wird nicht durch Anfang oder Ende bestimmt. Dies ist seine grundlegende Wesenseigenart. Ich spreche aber in diesem Zusammenhang auch nicht von einem absoluten Bewusstsein. Sogar auf der allgemein konventionellen Ebene ist die absolute oder grundlegende Natur etwas, das rein und unverfälscht ist. So gesehen hat auch das »grobe« oder sinnliche Bewusstsein seine ihm eigene wesentliche Natur, die selbst völlig rein und unverfälscht ist. Es kann von negativen wie positiven Gedanken beeinflusst werden, wobei alle negativen Regungen auf Unwissen beruhen, das Unwissen selbst aber auf keiner festen Grundlage steht.

In der buddhistischen Lehre trägt jedes Wesen in sich die Möglichkeit, ein Buddha zu werden. Dieses subtile Bewusstsein wird Keim des Buddha oder *sugatahridaya* oder auch *tathagagarbha* genannt. Dies ist die Basis für den Buddhismus im Allgemeinen und den Mahayana-Buddhismus im Besonderen. Im Rahmen des Mahayana-Buddhismus besteht das letztendliche Ziel darin, Buddhaschaft, Erleuchtung oder die höchste Erkenntnis zu erlangen. Man sollte sich entschließen, Buddhaschaft erreichen zu wollen, um allen Lebewesen damit dienen zu können. Diese Entschlossenheit, erleuchtet werden zu wollen, wird *bodhicitta* genannt, was wiederum die Grundlage für die Mahayana-Lehre des uneingeschränkten Altruismus ist. Um *bodhicitta* entwickeln und entfalten zu können, müssen wir zuerst wissen, was es mit den Vier Edlen Wahrheiten auf sich hat. Es ist nämlich möglich, das Leiden zu beenden oder ihm zumindest Einhalt zu gebieten. Dafür müssen wir jedoch wissen, was Leiden ist und vor allem, wodurch es bewirkt wird. Nur dann kann es uns gelingen, das Leiden zu beenden und dem Weg der Wahrheit beziehungsweise der wahren Erkenntnis zu folgen. *(3)*

Konzentration

Obwohl unser momentaner Geisteszustand von Ablenkungen gekennzeichnet ist, können wir unsere Fähigkeiten zum Wissen, über die wir alle verfügen, bündeln und gezielt auf ein Objekt, das wir verstehen wollen, lenken und fokussieren. […] Der Buddhismus bietet viele Techniken an, um einen kraftvollen Zustand der Konzentration zu entwickeln, der »ruhiges Verweilen« genannt wird. Er heißt zu Recht »ruhiges Verweilen«, da alle Ablenkungen ruhig geworden sind und Ihr Geist – von selbst – ununterbrochen, freudvoll und elastisch auf dem ausgewählten inneren Meditationsgegenstand mit enormer Klarheit und stabiler Beständigkeit verweilt. Auf dieser Stufe der geistigen Entwicklung benötigt die Konzentration überhaupt keine Anstrengung mehr. *(1)*

Kritik annehmen

DER EIGENE realistische Blick auf sich selbst verleiht ein gewisses Selbstvertrauen, eine gewisse innere Stärke. Man weiß, wozu man wirklich fähig ist und wo die eigenen Grenzen liegen. Und daher wird man sich weniger von dem beeinflussen lassen, was andere Leute sagen. Wenn man kritisiert wird und es sich dabei um eine berechtigte Kritik handelt, wird man sie leichter akzeptieren und als Chance nutzen können, um etwas über sich selbst zu lernen. Wird man jedoch fälschlicherweise für etwas beschuldigt, so reagiert man nicht so heftig, da man tief in seinem Inneren weiß, dass die Kritik unberechtigt ist; man kennt sich selbst. Und wenn ein Mensch so viel Selbstvertrauen hat, dass er seine eigenen positiven inneren Qualitäten und Talente erkennt, dann ist er nicht so sehr auf das Lob anderer angewiesen, um dieses Bewusstsein von der eigenen Leistung zu nähren. *(4)*

Kummer

GEISTIGER UND emotionaler Kummer können ganz natürlich auftreten, doch häufig macht gerade unsere Verstärkung dieser negativen Emotionen alles noch viel schlimmer. Empfinden wir zum Beispiel gegen jemanden Hass oder Ärger, ist es, wenn wir uns nicht weiter mit diesem Gefühl befassen, unwahrscheinlich, dass es sich intensiviert. Denken wir jedoch ständig über die uns zugefügten Ungerechtigkeiten nach, nähren wir natürlich den Hass. Erst dadurch wird der Hass machtvoll und heftig. […]

Das zeigt nur, wie wir selbst durch konstante Gewöhnung und Gedanken an unsere Emotionen diese immer mehr intensivieren können. Oft tragen wir auch durch Überempfindlichkeit zu unserem Schmerz und Leid bei, etwa durch Überreaktionen auf Kleinigkeiten und manchmal dadurch, dass wir die Dinge zu persönlich nehmen. Wir neigen dazu, Nebensächlichkeiten überzubewerten und aufzublähen. Andererseits bleiben wir oft gleichgültig gegenüber den wirklich wichtigen Dingen – nämlich jenen, die tiefgreifende Auswirkungen auf unser Leben und langfristige Konsequenzen haben. Ob jemand leidet, hängt daher in hohem Maße davon ab, wie er auf eine bestimmte Situation reagiert. Angenommen, Sie finden heraus, dass jemand hinter Ihrem Rücken schlecht über Sie spricht. Wenn Sie sich aufgrund dieses Wissens, aufgrund dieser negativen Haltung Ihnen gegenüber, verletzt fühlen und verärgert reagieren, zerstören Sie selbst Ihren eigenen geistigen Frieden. Ihr Schmerz ist Ihre eigene, persönliche Schöpfung. Verzichteten Sie darauf, auf negative Weise zu reagieren, und ließen Sie die Verleumdung wie eine sanfte Brise an Ihrem Ohr vorbeiziehen, würden Sie sich selbst vor diesem Gefühl der Verletzung, diesem Gefühl der Qual schützen. Obwohl man also schwierige Situationen nicht immer vermeiden kann, lässt sich doch durch die Entscheidung, wie man auf sie reagiert, das Ausmaß des Leidens einschränken. *(4)*

Lebenszweck

Ich meine, dass Glück der Lebenszweck ist. Ob sich ein Zweck hinter der Existenz des Universums oder der Galaxien verbirgt, weiß ich nicht. Tatsache ist jedenfalls, dass wir zusammen mit anderen Menschen uns hier auf diesem Planeten befinden. Weil nun jeder Mensch nach Glück strebt und Leid vermeiden möchte, ist klar, dass dieser Wunsch nicht aus einer Schulung oder irgendeiner Ideologie stammt. Er ist etwas Natürliches. Deshalb glaube ich, dass die Erlangung von Glück, Frieden und Freude der Zweck des Lebens ist. Darum muss man unbedingt untersuchen, worin Glück und Befriedigung bestehen und was ihre Ursachen sind. […] Ich glaube nun, dass Mitgefühl und Liebe notwendig sind, damit wir Glück oder Gelassenheit erlangen. Diese geistigen Faktoren sind der Schlüssel. Ich glaube, dass sie die grundlegende Quelle sind. *(5)*

Leerheit

DIE NATÜRLICHE Abwesenheit von inhärenter Existenz einer Form ist Leerheit. Leerheit ist nicht etwas Zusätzliches wie beispielsweise ein Hut auf einem Kopf. Leerheit ist die eigentliche Natur der Form, ihre letztendliche Beschaffenheit. Der tibetische Weise *Tsongkhapa* zitiert hierzu eine Stelle des Kashyapa-Kapitels aus dem *Sutra des Juwelenschatzes*: »Die Leerheit macht Phänomene nicht leer. Phänomene an sich sind leer.« Als ich vor etwa einem Jahr in Ladhak war, entdeckte ich eine ähnliche Stelle im *Sutra der Vollkommenheit der Weisheit in fünfundzwanzigtausend Versen*: »Form wird nicht durch die Leerheit leer gemacht. Form an sich ist leer.« Das hat mich dazu angeregt, über diese tiefgründige Aussage nachzudenken, und ich möchte gerne mit Ihnen teilen, was ich herausgefunden habe. Es ist ein bisschen kompliziert, haben Sie bitte ein wenig Geduld mit mir. Zuallererst ist es unbestreitbar, dass Objekte so erscheinen, als ob sie aus sich selbst heraus bestünden. […] Nach der Lehrmeinung der Schule des Mittleren Weges, die *Chandrakirti* folgt und Konsequenz-Schule genannt wird und von der wir glauben, dass es die tiefgründigste Darstellung dessen ist, wie Phänomene existieren und wie sie wahrgenommen werden, existieren Phänomene wie Tische, Stühle und Körper nicht aus sich selbst heraus. Das Sehbewusstsein irrt sich in Bezug darauf, dass die Objekte so erscheinen, als ob sie in und aus sich selbst heraus bestünden. Doch das gleiche Sehbewusstsein ist gültig in Bezug auf die Gegenwart des Objekts. Auf diese Weise kann ein Bewusstsein gleichzeitig sowohl gültig als auch fehlerhaft sein – gültig in Bezug auf die Gegenwart des Objektes und seiner Existenz, aber fehlerhaft in Bezug darauf, dass das Objekt so erscheint, als ob es seinen eigenen unabhängigen Status hätte. *Chandrakirti* macht geltend, dass Objekte aufgrund des falschen Rahmens unserer gewöhnlichen Wahrnehmung so erscheinen, als ob sie in und aus sich selbst heraus bestünden. In Wirklichkeit ist aber nichts aus sich selbst konstituiert. So ist Form an sich leer und wird nicht erst durch die Leerheit leer gemacht. Was ist es, das leer ist? Die Form selbst. Der Tisch selbst. Der Körper selbst. Auf die gleiche Weise sind alle Phänomene leer von ihrer eigenen inhärenten Existenz.

Leerheit ist nicht etwas, das vom Geist ausgedacht wird, sondern die Dinge sind von Anfang an so. Erscheinung und Leerheit sind eine Entität und können nicht in unterschiedliche Entitäten differenziert werden. *(1)*

Leiden

*Glück erreichen wir nur mit Mühe, / Leid kommt,
ohne dass wir es suchen / Es ist jedoch das Leid, / das
in mir den Wunsch nach Befreiung weckt. / Möge
mein Geist deshalb stark sein!*

VOM AUGENBLICK der Empfängnis an sind wir
allen erdenklichen Leiden ausgesetzt; ihr Entstehen zu verhindern, gelingt uns nicht, obwohl
wir dies mit allen Mitteln versuchen. Die Ursachen für ihr Auftreten sind unerschöpflich. Das
Glück dagegen, das wir so herbeisehnen, erlangen wir nur mit Anstrengung und unter Einsatz
großer Willenskraft. Es ist deshalb sehr wichtig
zu lernen, die Ursachen des Leidens in Ursachen für Glück zu verwandeln. Der Weise versteht es, widrige Umstände für seinen Weg zu
nutzen. Denn Leiden hat nicht nur negative Aspekte, es kann große innere Wandlungen bewirken. Wenn es heißt: »Ohne Leiden keine
Entsagung«, so meint dies, dass ohne die Er-

81

fahrung des Leidens nie der Wunsch nach Befreiung aus dem Kreislauf der Wiedergeburten in uns entstehen würde. In dem Maße, in dem unsere Ausdauer wächst, lernen wir, Schwierigkeiten zu ertragen. Durch Übung lässt sich dies meistern. Wenn wir uns im Erdulden kleiner Leiden üben, wird es uns auch gelingen, die schwersten zu ertragen. [...]

Ein großer Wohltäter ist das Leid: / Durch seine Erschütterung wird mein Stolz gedämpft. / Es weckt Mitgefühl mit den Wesen, / es lehrt mich, vor unheilsamen Handlungen zurückzuschrecken und heilsame zu lieben.

Der Schock des Leidens lehrt uns Demut, er öffnet uns die Augen für das Leiden der anderen und führt uns dadurch zu Mitgefühl und Altruismus. Um weiteres Leiden zu vermeiden, scheuen wir nun davor zurück, die negativen Handlungen zu begehen, die es verursachen, und unser Interesse an der Ansammlung von positivem Karma wird sich intensivieren. Wir alle sind zu uneigennützigem Denken und Handeln fähig, selbst wenn wir augenblicklich nur das Potenzial dazu in uns tragen. [...]

Manchmal sind andere Lebewesen, manchmal unbelebte Dinge die Ursache unserer Leiden. Wir ärgern uns zum Beispiel über schlechtes Wetter und schimpfen: »Was für ein Mistwetter.« Aber meistens gilt der Ärger unseren Mitmenschen. Wir müssen uns fragen, ob das gerechtfertigt ist, denn das Verhalten der Menschen, die uns Probleme bereiten, ist immer von spezifischen Ursachen und Umständen beeinflusst. Sie sind keineswegs Herr ihrer selbst. Jedes Phänomen entsteht durch Interaktion einer Reihe von Ursachen und Bedingungen. Diesen Mechanismen sind alle Lebewesen unterworfen, und deshalb ist es unsinnig, ihnen etwas übelzunehmen. *(14)*

Liebe

WIR MÜSSEN zwischen Mitgefühl und Liebe unterscheiden. Gewöhnlich sind die Menschen in der Liebe ungeduldig, weil diese Liebe oft von gemischten Gefühlen geprägt oder durch eine Art von Besitzanspruch verdorben ist. Die Störung oder Verunreinigung dieser eigentlich edlen Gefühle zeigt sich daran, dass unsere Liebe davon abhängt, wie die andere Person auf uns reagiert. Wenn wir uns zum Beispiel einer Person sehr nahe fühlen, aber zwischen uns und dieser Person geschieht etwas Unangenehmes, ändert sich unsere Haltung schlagartig und unsere Liebe, oder was wir dafür gehalten haben, stirbt. Aber es gibt eine andere Art von Liebe, die echt und aufrichtig ist; wenn man nämlich erkennt, dass der andere Mensch wie wir selbst ist und genau wie wir Glück sucht und kein Leid, und auch den Anspruch erheben darf, Leiden überwinden und Glück erreichen zu können. Auf dieser Grundlage kann man echte

Liebe und Zuwendung entwickeln, die auch auf Dauer in privaten Beziehungen nicht vergehen. Wenn wir von der Wichtigkeit der Liebe und Zuneigung sprechen, dann meinen wir die aufrichtige, echte Liebe. *(3)*

Meditation

UM UNSERER Praxis mehr Kraft zu verleihen, üben wir uns in meditativer Sammlung und denken über die Folgen der Ablenkung nach. Aufgrund mangelnder Konzentration wird unser Geist von Gedanken überflutet, unsere Meditation wird störbar, und unsere heilsamen Handlungen erzielen nicht mehr ihre volle Wirkung. Ablenkung ist also das Hauptübel, dem wir durch die Entwicklung geistiger Ruhe entgegenwirken müssen. Die Meditation der Geistigen Ruhe *(shamatha)* wird in vielen buddhistischen und nichtbuddhistischen Traditionen geübt. Unentbehrlich für eine vollkommene Sammlung, ist sie eine wirksame Unterstützung aller anderen Übungen. Sie lässt uns die verschiedenen Ebenen der Meditation erreichen, bis hin zur »Abwesenheit von Phänomenen« die die dritte Stufe des Geistes ohne Form darstellt; hier befinden sich die Geistesgifte im Zustand der Latenz. Ohne das Fundament der Geistigen

Ruhe kann *vipashyana*, die Durchdringende Einsicht in die wahre Natur der Phänomene, nicht verwirklicht werden. Vollkommene Sammlung ist besonders wichtig, um die Sicht der Leere zu erreichen, die von der Schule des Mittleren Weges gelehrt wird und Sutra und Tantra gemeinsam ist. Diese Sicht zu erreichen heißt, sich mit Hilfe analytischer Meditation Gewissheit darüber zu verschaffen, dass Phänomene keine wirkliche, ihnen innewohnende Existenz besitzen. [...]

Was versteht man unter Meditation? Es gibt die analytische Meditation, die durch wiederholtes analytisches Untersuchen das Wesen des untersuchten Objektes mit einer daraus resultierenden intellektuellen Gewissheit begreift. Die kontemplative Meditation lässt den Geist, auf der Basis dieser Gewissheit, in einem Zustand gelassener Klarheit verweilen. Die Visualisierung von Gottheiten und die Übung in Geistiger Ruhe werden ebenfalls als kontemplative Meditation bezeichnet, da sie eher meditative Sammlung als analytisches Denken erfordern.

Man kann auch über Hingabe oder Mitgefühl meditieren, um sie dadurch zu entwickeln und ihre Bedeutung zu verstehen. Oder über Vergänglichkeit, darüber, wie Phänomene in jedem Augenblick entstehen und vergehen. Meditation über das wahre Wesen der Phänomene schließlich lässt uns erkennen, dass diese keine wirkliche, ihnen innewohnende Existenz besitzen. Kurz gesagt, Meditation ist Geistesschulung, Entwicklung, Transformation. Die Hauptstütze der Geistigen Ruhe ist eine vollkommene Sammlung, der wichtigste Gegenstand der Meditation ist der altruistische Erleuchtungsgeist. Um Meditation unter günstigen Bedingungen zu üben und um gute Resultate zu erzielen, müssen wir uns vor Ablenkung schützen, die unsere Sammlung stört und den Geist zum Abschweifen animiert. Körperliche und geistige Abgeschiedenheit, wie sie durch den Aufenthalt an einsamen Orten ermöglicht wird, ist dazu am geeignetsten, sie erleichtert das Sich-Lösen von weltlichen Dingen. *(14)*

Mitgefühl

WEM GEGENÜBER entwickeln und entfalten Sie Mitgefühl? Die Antwort lautet: »Gegenüber jedem fühlenden Wesen«, denn alle werden von irgendeiner Form des Leidens geplagt. Durch Meditation können Sie ein Gefühl der Vertrautheit und Zuneigung gegenüber anderen fühlenden Wesen entwickeln lernen. [...] Sie lernen, dass im Verlauf unzähliger Leben jeder schon einmal Ihr bester Freund oder Ihre beste Freundin gewesen ist und Ihnen voll Freude geholfen hat. Schließlich sehen Sie, dass es in der eigentlichen Natur der menschlichen Gesellschaft liegt, dass andere notwendige Dienstleistungen erbringen, die Ihnen helfen, ob dies nun beabsichtigt ist oder nicht. Wenn Sie nicht diese einfühlsame und anteilnehmende Perspektive hätten, wenn Sie also nicht versuchen würden, das Leiden eines anderen Menschen anhand Ihres eigenen Leidens zu verstehen, dann könnten Sie über den Schmerz eines Feindes sogar

Freude empfinden. Vor einigen Jahrhunderten hörte ein Mönch davon, dass ein anderer Mönch, den er nicht mochte, seine Mönchsgelübde gebrochen und eine Frau geheiratet hat. Er freute sich sehr darüber, lud seine Freunde zum Tee ein und sagte zu ihnen: »Ich habe gute Neuigkeiten. Die Leute reden darüber, dass dieser Mönch eine Frau hat.« Als der Lehrer des klatschsüchtigen Mönches erfuhr, was geschehen war, sagte er: »Dieses Klatschmaul hat dadurch, dass er Gefallen daran gefunden hat, wenn ein anderer Mönch seine Gelübde bricht, mehr schlechtes Karma angesammelt als der Mönch, der seine Gelübde gebrochen hat.« […]

Es ist einfacher, Mitgefühl zu entwickeln, wenn man sich ein Lebewesen vorstellt, das unter großer Not leidet. Doch wir müssen auch an diejenigen Menschen denken, die scheinbar überhaupt nicht leiden, sondern sich auf eine Art und Weise verhalten, die erst später zu offensichtlichem Leiden führen wird.

Weiten Sie diese Meditation und dieses Mitgefühl dann auf Menschen aus, die in der

Vergangenheit leidbringende Taten ausgeführt und dadurch viele negative karmische Neigungen angesammelt haben. Wenn solche Menschen im jetzigen Leben erfolgreich und wohlhabend sind, dann wohnen diesen Menschen, selbst wenn die Auswirkungen ihres negativen Karmas momentan noch nicht von ihnen erlebt werden, dennoch Ursachen für zukünftigen Schmerz inne, genau wie ein Krebsgeschwür, das in ihrem Körper schlummert, ohne zunächst Schmerzen zu verursachen. Weiten Sie die Meditation wiederum aus indem Sie über Lebewesen nachdenken, die die wahre Natur dessen verkennen, was nur oberflächliche Freuden bringt und was dem Leiden der Veränderung unterworfen sein wird. Und schließlich bedenken Sie, wie alle fühlenden Wesen unter dem Einfluss des alles durchdringenden Leidens der bedingten Existenz stehen und in einem Prozess der Bedingtheit gefangen sind, der außerhalb ihrer Kontrolle steht. *(2)*

Mitmenschlichkeit

WENN EIN Mensch niemals Liebe von seinen Mitmenschen erfahren hat, ist dies sehr traurig. Wenn allerdings dieser Mensch auch nur einem Menschen begegnet, der bedingungslose Liebe, einfach Annahme der Person und Mitgefühl zeigt, und wenn dieser Mensch weiß und fühlt, dass diese Zuneigung und Liebe des anderen Menschen ihm zugedacht ist, dann hat dies zweifellos eine Wirkung, die jeder Mensch wertschätzen wird. Weil auch in diesem betreffenden Menschen ein Same der Menschlichkeit ist, wird die von einem anderen Menschen erfahrene Liebe den Samen öffnen, aufgehen und reifen lassen. *(5)*

Nirvana

Was ist Nirvana? Die Grundlage, die uns ermöglicht, das Nirvana zu erreichen, ist die »Buddha-Natur« oder die »natürlich anwesende Veranlagung«. Die einzelnen Systeme buddhistischer Lehrmeinung geben unterschiedliche Interpretationen darüber, was die Buddha-Natur ist; daher gibt es viele Arten der Buddha-Natur, die sich in der Ebene ihrer Subtilität unterscheiden. [...]

Im System der Schule des Mittleren Weges wird die Buddha-Veranlagung allgemein als das bestimmt, was die Eignung besitzt, in einen Buddha-Körper umgewandelt zu werden, wenn eine solche Umwandlung betrieben wird. [...] Wie ist das Nirvana beschaffen, das in Abhängigkeit von der Buddha-Natur, der Buddha-Veranlagung, erreicht wird? Bei der Betrachtung der allgemeinen Bedeutung des Begriffs des Nirvana wollen wir zuerst das erörtern, was »natürliches Nirvana« genannt wird, nämlich das endgültige Wesen der Phänomene. Dieses ist in sich von Natur her rein; und aufgrund dieser reinen Sphäre, die zum Wesen der Phänomene gehört, ist es auch möglich, Befleckungen zu beseitigen und die Befreiung zu erreichen. Darüber hinaus ist die Entität der Befreiung genau dieses reine Wesen. Von diesen Gesichtspunkten her wird das reine Wesen der Phänomene als natürliches Nirvana bezeichnet.

Was die Arten des Nirvana angeht, die erreicht werden können, gibt es zwei niedrigere Ebenen: das Nirvana mit Überresten und das Nirvana ohne Überreste. »Nirvana mit Überresten« bedeutet nach den Schulen der Hörer, dass man das Nirvana verwirklicht hat, aber noch einen Überrest aus solchen körperlichen und geistigen Aggregaten besitzt, die das Resultat von früheren befleckten Taten und Leidenschaften sind. Wenn auch diese zu Ende gehen, tritt das Nirvana ohne Überreste ein. Der Grund, warum dabei von *niedrigeren* Ebenen des Nirvana gesprochen wird, ist der, dass von den zwei Arten von Hindernissen, die es gibt, auf diesen Ebenen nur die auf Leidenschaften zurückzuführenden Hindernisse für die Befreiung aus dem Daseinskreislauf, nicht aber die Hindernisse für die Allwissenheit verlöscht sind.

Die höchste Form von Nirvana tritt auf der Ebene der Buddhaschaft auf. Es wird als »nichtverweilendes« Nirvana bezeichnet, weil es weder in dem Extrem des Daseinskreislaufs noch in dem Extrem des rein persönlichen Friedens verweilt. Vielmehr hat man mit der Buddhaschaft sowohl die eigene Entwicklung als auch die Fähigkeit, das Wohl der anderen zu erwirken, zur Vollendung gebracht. Man hat nicht nur die Hindernisse durch Leidenschaften, die der Befreiung im Wege stehen, vollständig besiegt, sondern auch die Hindernisse für die Allwissenheit gänzlich überwunden. *(10)*

Positiv denken

DIE VERBINDUNG von Weisheit und richtiger Motivation ist der wahre Weg, unsere geistige Haltung zu ändern. […] Wenn man schon von Tagesanbruch an diese positive Einstellung entwickelt, schafft man mehr positive Gefühle und Stimmungen, mit denen man dann den ganzen Tag über die am Morgen gewonnene positive Einstellung beibehält. Damit hat man zumindest einen Tag gewonnen, der, wenn auch noch nicht unbedingt perfekt, so doch weniger negativ ist. Am nächsten Tag sollte man ähnlich verfahren, indem man sich sagt: »Ich möchte diesen Tag zu einem positiven, sinnvollen Tag machen.« Damit fährt man dann die folgenden Wochen fort; zu Beginn lässt sich nicht alles steuern und erreichen, aber im Laufe der Zeit und mit beständigem Eifer wird man schließlich irgendwann ein neues starkes Gefühl von Hoffnung spüren. Jedem ist dies möglich. *(5)*

Realismus

Es ist wichtig, ein Selbst zu haben, das in der Realität verwurzelt ist, eine unverzerrte, realistische Einschätzung der eigenen Fähigkeiten und Beobachtungen. Das ist deshalb so bedeutsam, weil ein Mensch mit einem realistischen Selbstgefühl weniger Gefahr läuft, in psychologische und emotionale Schwierigkeiten zu geraten. Daher ist es wichtig, zuallererst einmal die Faktoren zu identifizieren, die bessere Selbsterkenntnis und Selbstbewusstheit behindern. Ein wesentlicher Faktor ist vielleicht die menschliche Dummheit, die Sturheit. Damit meine ich eine Art dumme Sturheit, die man im Leben oft an den Tag legt. Zum Beispiel, wenn man darauf beharrt, immer Recht zu haben, und meint, die eigene Art und Weise, die Dinge zu sehen, sei die einzige und beste. Eine solche Haltung mag manchmal ein Selbstschutz sein, aber sie verhindert jedes realistische Bewusstsein für die eigenen Unzulänglichkeiten. Auch übermäßiger Stolz, der die eigene Bedeutung übermäßig wichtig nimmt, wird eine bessere Selbsterkenntnis vereiteln. Ein arroganter Mensch wird vermutlich weniger offen für Vorschläge und Kritik von außen sein, doch gerade dadurch lernt man, sich selbst besser zu verstehen. Zudem führt ein übersteigertes Selbstgefühl zu unrealistischen Erwartungen an sich selbst […] Werden diese Erwartungen nicht erfüllt – und dies passiert oft –, so wird dies zu einer Quelle ständiger Unzufriedenheit. *(4)*

Ruhe

Was immer uns auch zustoßen mag, wir sollten nicht zulassen, dass es uns zerrüttet und unsere Heiterkeit einer wachsenden Unzufriedenheit Platz macht. Denn Unzufriedenheit ist ein Keim, der Hass in sich birgt. Dann ist es besser, sie von Anfang an nicht aufkommen zu lassen. Für uns wird jemand zum Feind, wenn er uns Schaden zufügt. Aus seiner Sicht aber handelt er möglicherweise so, um seine Interessen oder die seiner Freunde zu schützen. Hass ist im Grunde ein viel niederträchtigerer Feind, denn er hat keinerlei gute Seiten, sondern nur eine Funktion: uns unserer Verdienste zu berauben. [...] Von dem Moment an, in dem Hass in uns aufsteigt, bewirkt er nichts anderes, als uns zu schaden. Darum haben wir allen Grund, ihn zu bekämpfen. Unzufriedenheit entsteht in erster Linie durch unerfüllte Wünsche [...]. Sie bringt uns der Erfüllung unserer Wünsche in keiner Weise näher, zermürbt selbst die fröhlichsten Menschen und schürt die Flammen des Hasses in gefährlichem Maße. Wir dürfen nicht zulassen, dass Unzufriedenheit unsere gute Laune und unsere Lebensfreude zersetzt; deshalb sollten wir uns auch nicht immer wieder vergangene Leiden in Erinnerung rufen. Warum uns Sorgen machen, wenn wir ein Problem lösen können? Und wenn wir die Situation so akzeptieren müssen, wie sie ist – was für einen Sinn hat es, sich aufzuregen? Das macht alles nur noch schlimmer. *(14)*

Selbst und Ich

DA GIBT es keine Schwierigkeit. Die Philosophie des Nicht-Selbst verneint keinesfalls in irgendeiner Weise die Existenz des Ich. Sie ist hauptsächlich eine Antwort auf nicht-buddhistische Philosophen, die die Ansicht vertreten, man könne außerhalb von Körper und Geist eine Art Besitzer dieses Körpers und Geistes bestimmen. Ein solches Selbst wird als *atman* bezeichnet. Sie sagen, der *atman* sei etwas Beständiges, Unwandelbares; und wenn man nicht annähme, dass ein *atman* getrennt von Körper und Geist existierte, so gäbe es keine Möglichkeit, die Lehre von der Wiedergeburt zu akzeptieren. Das ist ihr philosophisches Konzept. Die Schwierigkeiten, diese Theorie aufrechtzuerhalten, ergeben sich daraus, dass sie nicht in der Lage waren, ein bloßes Ich anzunehmen. (Das Wort »bloß« bedeutet dabei, dass das Ich – wie jedes andere Phänomen – ausschließlich abhängig existent ist; es schließt jede Form eines unabhängigen, inhärenten Seins aus). Nun, aus buddhistischer Sicht gibt es ein solches bloßes Ich. [...] Betrachten wir nun eine besondere Person, so können wir außer diesem Körper und Geist nichts als das Ich oder das Selbst bestimmen. Das Selbst ist daher eine bloße Benennung in Relation zu der Kombination von Körper und Geist. Weil es nur benannt ist, gibt es kein unabhängiges, von Körper und Geist substanziell verschiedenes Ich oder Selbst. Die buddhistische Schlussfolgerung ist daher, dass das Ich ein bloßes Ich ist, das als Benennung auf der Grundlage der Kombination der fünf körperlichen und geistigen Aggregate, der *skandhas*, existiert; mit anderen Worten auf der Grundlage der Kombination von Körper und Geist.

Wenn wir von Körper und Geist reden, so ist damit allerdings nicht nur dieser grobstoffliche, sichtbare Körper und die grobe Ebene des Geistes gemeint; es gibt darüber hinaus noch subtilere Ebenen von Körper und Geist. Diese subtileren Ebenen existieren selbst dann noch, wenn sich der sichtbare, solide Körper und die grobe Ebene des Geistes aufgelöst haben. So besteht selbst dann die Grundlage des bloßen Ich weiter. Wenn wir nun nicht zwischen den gröberen Ebenen und den subtileren Ebenen von Körper und Geist differenzieren, können wir allgemein sagen, dass immer ein Kontinuum von Körper und Geist besteht. Dieses Kontinuum ist die Grundlage des bloßen Ich, das seit anfangsloser Zeit existiert. In einzelnen Existenzen können sich dann aufgrund des ununterbrochenen Kontinuums des subtilen Körpers und des subtilen Geistes zeitweilig ein grobstofflicher, solider Körper und gröbere Ebenen des Geistes entwickeln, wie wir sie jetzt besitzen. *(10)*

Selbstvertrauen

VIELE MENSCHEN, besonders im Westen, besitzen keine hohe Selbsteinschätzung oder -achtung. Meiner Meinung nach ist dies sehr gefährlich und auch dumm. Wir haben einen Körper, unser Hirn und ein gewisses Maß an Klugheit. Wenn wir, unterstützt durch Meditation und selbstloses Verhalten, einen ernst gemeinten Versuch machen, ist es uns möglich, unseren Geist oder unsere Haltung weiterzuentwickeln; im Laufe der Zeit und mit nicht nachlassender Bemühung kann er sich ändern. Indem wir uns immer wieder die Aspekte des Positiven und Negativen vergegenwärtigen, ändern sich nach und nach die Dinge und Verhältnisse. Selbstvertrauen und -achtung, ob im religiösen oder weltlichen Bereich, sind sehr wichtige Faktoren. Mitgefühl wird in diesem Zusammenhang zu einem entscheidenden Faktor. Eine von mehr Mitgefühl geprägte Haltung öffnet automatisch eine Art innerer Tür, womit es sehr leicht wird, mit den Mitmenschen zu kommunizieren, und auf eine etwas andere Weise mit Tieren und Insekten. Wenn unsere eigene Haltung offen ist und wir nichts zu verbergen haben, wird damit sofort eine Basis für mögliche Freundschaft gelegt. Eine negative Kraft wie Furcht zum Beispiel schließt diese Tür sogleich. [...]

Die im Buddhismus vertretene Ansicht, dass dieses Leben und dieser Körper einen hohen Wert besitzen, ist wichtig für die Entwicklung des Selbstvertrauens; daneben geht der Buddhismus ebenfalls sehr auf die Vergänglichkeit ein, die auch hier ihre Relevanz hat. Ich möchte an dieser Stelle erwähnen, dass Menschen irrtümlich sehr oft davon ausgehen, egoistische Gefühle oder Haltungen seien schlecht und dass man sein Ego gänzlich ausschalten müsse. Es gibt meiner Auffassung nach zwei Arten von Ego, so wie es zwei Arten des Begehrens gibt. Das Ich-Gefühl, das stark ausgeprägt ist und deshalb die Rechte und Ansprüche anderer übergeht, ist unhaltbar. Dagegen ist der andere Typ von Ich-Gefühl positiv, da es uns in unserem Selbstvertrauen unterstützt und dabei hilft, gute Taten zu verrichten. Die *bodhisattvas* verfügen in diesem Sinne über ein starkes Ego. Die letztgenannte Art von Ego entwickelt eine enorme Beharrlichkeit in denen, die dieses Ego haben. Für sie bedeuten Tage, Monate oder Jahre nichts. Sie denken in großen Zeiträumen; nicht in ein oder zwei Zeitaltern, sondern in Millionen, zahllosen Zeitaltern. Eine solch gar nicht vorstellbare Zeit entmutigt sie jedoch nicht, genauso wenig wie sie sich von der grenzenlosen Zahl ihrer Mitmenschen verschrecken lassen. Ihre Entschlossenheit ist gerade darauf gerichtet, etwas für die unermessliche Zahl der Menschen über einen unabsehbaren Zeitraum zu tun. Solche unerschütterliche Entschiedenheit ist nur mit einem in sich festen Ego möglich. Dieses Ego ist positiv, auch notwendig, nützlich, konstruktiv und muss von uns immer wieder neu entwickelt werden. Das andere Ego, das andere missachtet und Nutzen durch die Ausbeutung anderer gewinnen will, ist negativ und töricht; mit diesem Ego kann man über kurz oder lang nur verlieren und letzten Endes leiden. Ebenso gibt es zwei Arten von Verlangen. Das eine ist mit einem sinnvollen Ziel verbunden. Dieses Verlangen fördert unsere Entscheidungskraft. Es ist in der buddhistischen Lehre genau diese Art von geistig-seelischem Verlangen, das uns Buddhaschaft erreichen lässt. Das andere Verlangen, das wahllos dieses und jenes bloß möchte, ist ohne tieferen Sinn und führt sehr oft ins Verderben. Da die buddhistische Philosophie das Verlangen als Quelle von Leiden ausgemacht hat, leiten nun einige Menschen daraus ab, dass deshalb jedes Verlangen abzulehnen sei. Das ist jedoch eine falsche Interpretation. *(3)*

Spiritualität und Religion

Es GIBT zwei Arten von Spiritualität: die eine ist gekoppelt an religiösen Glauben, die andere nicht. Ich meine, dass die zweite Art sehr wichtig ist, denn obwohl die meisten Menschen in eine bestimmte Religionsgemeinschaft und Glaubenskultur hineingeboren sind, folgen sie in ihrem täglichen Leben kaum den jeweiligen Glaubensgrundsätzen […]

Man darf nicht meinen, Begriffe wie Liebe, Mitgefühl und Vergeben seien rein religiöser Art. Es zeugt von einer verengten Sicht, wenn man glaubt, dass diese moralischen und ethischen Aspekte außerhalb der Religion und des Glaubens keine Bedeutung hätten. Sicher trifft es zu, dass diese ethischen Fragen in allen großen Religionen einen hohen Stellenwert besitzen. Wenn wir es jedoch genau betrachten, dann sind religiöser Glauben auf der einen und Liebe, Mitgefühl und Vergebung auf der anderen Seite in ihrem Wesen voneinander sehr verschieden. Nach buddhistischer Überzeugung besitzt ein Mensch bei seiner Geburt keinen religiösen Glauben und hängt auch keinen Überzeugungen oder Ideologien an; er ist davon völlig frei. Im selben Moment ist jedoch das Bedürfnis eines Neugeborenen nach Liebe und menschlicher Nähe äußerst stark. Ohne menschliche Zuneigung könnte es nicht überleben; ohne religiösen Glauben jedoch sehr wohl. Bei Tieren spielen Religionen, Glaubensrichtungen und Rechtsverfassungen offensichtlich keine Rolle, sie wissen aber dennoch sehr genau, wie sie sich um ihre Nachkommen zu kümmern haben. [...] Verschiedene Tierarten besitzen unterschiedlich ausgeprägte Intelligenzgrade, wobei einige durchaus bestimmte Situationen äußerst geschickt handhaben und einschätzen können. Die Menschen verfügen über eine höhere Intelligenz und eine größere Fähigkeit, grenzenlosen Altruismus und ein sehr gutes Erinnerungsvermögen zu entfalten; darin sind Menschen einzigartig. *(3)*

Sterben

MEDITIEREN WIR über Tod und Unbeständigkeit des Lebens, werden wir zwangsläufig ein Interesse an spirituellen Verwirklichungen entwickeln – ähnlich wie ein Durchschnittsmensch beim Anblick der Leiche eines verstorbenen Freundes beunruhigt und zum Nachdenken über den Tod und seine Folgeerscheinungen veranlasst wird. Die Meditation von Vergänglichkeit und Tod ist sehr nützlich; denn sie durchtrennt die Anhaftung an flüchtige und bedeutungslose Aktivitäten und lenkt den Geist auf den *dharma* hin. [...]

Die Meditation des Todes lässt uns in gewisser Weise unruhig werden; sie verschafft uns ein Unbehagen, als ob uns etwas Bedrohliches beobachten würde. Dieses Gefühl ist sehr real und hilfreich; denn der unausweichliche Tod lauert uns tatsächlich auf.

Wir kennen den Zeitpunkt nicht, an dem der Tod uns niederstrecken wird. Wir wissen nicht, was zuerst kommen wird – der morgige Tag oder das nächste Leben. Niemand von uns kann garantieren, dass er heute Nacht noch leben wird. Schon der allerkleinste Umstand kann bewirken, dass wir diese Welt plötzlich verlassen müssen; selbst lebensfördernde Faktoren wie Nahrung und Medizin können als Gift wirken und unserem Leben ein Ende bereiten.

Wenn wir sterben, verlieren wir unseren Körper mit allen physischen Kräften, Besitz, Macht, Ruhm und Freunde – sie alle können uns nicht mehr begleiten. Nehmen Sie mich zum Beispiel. Viele Tibeter setzen großes Vertrauen in mich und würden alles tun, um das ich sie bitte; aber wenn ich sterbe, muss ich alleine sterben und keiner von ihnen könnte mich mehr begleiten. Alles, was man mit sich nehmen kann, sind das spirituelle Wissen und die karmischen Eindrücke im eigenen Geist, das heißt die Anlagen und Potenziale, die man durch seine Handlungen im Leben angesammelt hat.

Hat man sich während seines Lebens auf spirituellen Pfaden geschult und die Meditationstechniken als Vorbereitung auf den Tod erlernt, dann wird man auch Zuversicht bewahren und kann wirkungsvoll und furchtlos mit den Erfahrungen umgehen, die während des Todes auftreten. Indem wir uns während unseres Lebens schulen und eine Bewusstheit des Sterbeprozesses entwickeln, werden wir dann, wenn der Atem schließlich stillsteht und die Elemente unseres Körpers sich schrittweise auflösen, fähig sein, mit den einzelnen Stufen des Todesablaufes umzugehen und das Klare Licht des Todes bei seinem Auftreten zu erkennen.

Das Schwinden dieses Bewusstseinszustandes des Klaren Lichts stellt exakt die Schwelle zum Tod dar. Es heißt: Bevor das Bewusstsein des Klaren Lichts auftritt, fällt man in eine tiefe Bewusstlosigkeit, und wenn eine Durchschnittsperson verwirrt aus diesem Zustand erwacht, wird sie die Erscheinung des Klaren Lichts nicht erkennen können. Jemand hingegen, der in höheren Meditationspraktiken geübt ist, erkennt die einzelnen Stufen des Sterbeprozesses und entwickelt eine besondere Achtsamkeit, bevor er in die Bewusstlosigkeit eintritt. So transformiert er die Wirkungen dieses sehr subtilen Zustandes, und wenn er daraus erwacht, wird es ihm möglich sein, das Klare Licht des Todes zu identifizieren. Und selbst nach dem Vergehen des Klaren Lichts, wenn man den Körper verlässt und in den Bar-do (Zwischenzustand) überwechselt, wird man den Bar-do als solchen erkennen und die auftretenden Halluzinationen und Visionen mit Gleichmut und Einsicht auf sich nehmen können. Ein Durchschnittsmensch gerät an diesem Punkt unter den Einfluss von Ärger, Anhaftung, Unwissenheit und anderen Leidenschaften und durchläuft eine entsprechend ungünstigere Entwicklung. Der spirituell Geschulte hingegen verweilt in Weisheit und Gelassenheit. Er »verwandelt« das Bewusstsein des Klaren Lichts des Todes in den vollkommenen Weisheitskörper *(dharmakaya)* und die Erfahrung des Bar-do in den vollendeten Körper des Vollkommenen Erfreuens *(sambhogakaya)*. Um sein Streben, den anderen Wesen zu helfen, in die Tat umzusetzen, kann er dann nach eigenem Wunsch an jedem beliebigen Ort im gesamten Universum Geburt annehmen.

Wer nicht in der Lage ist, beim Tod diese yogischen Übungen durchzuführen, sollte zumindest versuchen, während des Sterbeprozesses eine klare Bewusstheit aufzubringen und Gedanken der liebevollen Zuneigung, des Mitgefühls und des Erleuchtungsgeistes aufrechtzuerhalten. Ebenfalls von großem Vorteil ist es, sich seines Meisters und der Drei Zufluchtsjuwelen zu erinnern und sie um ihre Führung zu bitten. Dies wird einem helfen, mit einer Geistesverfassung in den Zwischenzustand einzutreten, die einer weiteren, der spirituellen Entwicklung förderlichen Geburt in den höheren Daseinsbereichen dienlich ist. *(10)*

Täuschung

DIE TÄUSCHUNG ist wie ein Spiegelbild oder eine Luftspiegelung. Beide vermitteln eine grobe Vorstellung von dem Widerspruch zwischen dem, wie etwas erscheint und wie es in Wirklichkeit existiert. [...] So sagte Buddha: »Alle Dinge haben die Eigenschaft von etwas Unrichtigem und Täuschendem.« Es gibt vielerlei Diskrepanzen zwischen der Art und Weise, wie die Dinge erscheinen und der Art und Weise, wie sie in Wirklichkeit sind. Etwas, das vergänglich ist, kann als unvergänglich erscheinen. Und manchmal erscheinen uns die Ursachen für Schmerzen (wenn wir beispielsweise zu viel essen) zunächst als Ursachen eines Vergnügens, sind es aber letzen Endes nicht. Etwas, das schließlich zu Leiden führt, wird nicht als das gesehen, was es in Wirklichkeit ist, sondern wird fälschlicherweise als ein Weg betrachtet, der zum Glück führt. Obwohl wir uns Glück wünschen, wissen wir aufgrund unserer

Unwissenheit nicht, wie wir dieses Glück erreichen können. Obwohl wir vom Leiden frei sein möchten, arbeiten wir genau daran, die Ursachen für das Leiden zustande zu bringen, da wir ein falsches Verständnis davon haben, was Leiden hervorbringt. Die Augen derer, die sich eine Zaubervorstellung ansehen, werden durch die Täuschungen des Zauberkünstlers beeinflusst, und aufgrund dieser Täuschungen glauben die Zuschauer, Pferde, Elefanten und so weiter zu sehen. Indem wir den Erscheinungen von inhärenter Existenz zustimmen, übertreiben wir auf ähnliche Weise den Status von guten und schlechten Phänomenen, und werden dadurch in Begierde und Hass hineingezogen und in Handlungen, die Karma verursachen. Was ein nicht inhärent existentes »Ich« ist, erscheint uns als inhärent existentes »Ich«, und wir nehmen diese Erscheinung als gegeben an. Wie uns diese Sichtweise hilft, Menschen und Dinge wie Täuschungen zu betrachten, hilft sie uns auch, ungünstige Emotionen zu verringern, da Begierde, Hass und alle anderen leidbringenden Emotionen daraus entstehen, dass wir Phänomene jenseits dessen, was diese Phänomene in Wirklichkeit sind, mit Qualitäten wie »gut« und »schlecht« überlagern. Wenn wir uns beispielsweise über jemanden sehr ärgern, dann haben wir ein starkes Gespür für die Schlechtigkeit dieses Menschen. Wenn wir uns später beruhigt haben und dann denselben Menschen betrachten, dann kann es sein, dass wir unsere eigene frühere Wahrnehmung lächerlich finden. Der klare Vorteil von Einsicht ist der, dass sie uns davon abhält, Objekten jenseits dessen, was diese Objekte in Wirklichkeit sind, eine Gutheit und Schlechtigkeit zuzuschreiben. Durch diese Schwächung von Selbsttäuschung wird es uns möglich, Begierde und Hass zu verringern und schließlich ganz aufzugeben, da diese leidbringenden Emotionen auf unrealistischen Übertreibungen aufbauen. Dieses Auflösen von ungesunden Emotionen wiederum schafft mehr Raum für gesunde Emotionen und heilsame Einstellungen. *(1)*

Den Tod vergegenwärtigen

DIE SCHULUNG des Geistes soll nicht nur in diesem Leben von Nutzen sein, sondern auch Frieden und Glück für die Leben nach dem Tod bewirken. [...] Ein Bewusstsein für den Tod lässt sich sowohl durch formale als auch durch analytische Meditation entwickeln. Zunächst muss man den unausweichlichen Tod auf intellektuelle Weise verstehen. Es handelt sich dabei nicht um irgendeinen obskuren theoretischen Gegenstand, sondern um eine offensichtliche und beobachtbare Tatsache. Nach Schätzungen ist unser Planet fünf Milliarden Jahre alt, und die menschliche Rasse existiert seit 100.000 Jahren. Gab es während dieses langen Zeitraums ein menschliches Wesen, das nicht sterben musste? Der Tod ist absolut unvermeidbar, gleichgültig wo Sie leben, ob Sie sich in den Tiefen des Ozeans verstecken oder ins All fliegen. Es spielt keine Rolle, wo Sie sich befinden; Sie müssen sterben. [...]

Ein Bewusstsein für den Tod zu entwickeln, ist von Vorteil, da es uns hilft, unserem Leben einen Sinn zu geben. Sie werden dauerhaften Frieden und dauerhaftes Glück als wichtiger ansehen als kurzfristige Vergnügungen und Annehmlichkeiten. Sich an den Tod zu erinnern, ist wie mit einem Hammer alle negativen Neigungen und störenden Emotionen zu zerschlagen. Um ein Bewusstsein für den Tod zu entwickeln, ist es zunächst wichtig, über seine Unvorhersehbarkeit nachzudenken. Sie kommt in einer bekannten Redewendung zum Ausdruck: »Der Morgen oder das nächste Leben, du weißt niemals, was zuerst kommt.« Wir alle wissen, dass der Tod eines Tages eintreten wird. Das Problem besteht jedoch darin, dass wir glauben, er komme irgendwann in der Zukunft. Immerzu sind wir mit den Problemen des Alltags beschäftigt. Darum ist es wichtig, über die Unvorhersehbarkeit des Todes zu meditieren. [...]

Der eigene Körper ist für viele von uns ein sehr hohes Gut. Seit dem Augenblick der Geburt an ist er in den meisten Fällen unser verlässlicher, standhafter Begleiter gewesen. Vielleicht haben Sie alles Erdenkliche getan, um ihm die beste Pflege angedeihen zu lassen. Sie haben ihm zu essen gegeben, damit er nicht hungrig ist; Sie haben ihm zu trinken gegeben, wenn er durstig war. Sie haben sich ausgeruht, wenn er müde war. Sie haben Vorbereitungen getroffen, um wirklich alles für das Wohlergehen, die Bequemlichkeit und den Schutz Ihres Körpers zu tun. Auf der anderen Seite hat Ihr Körper auch Ihnen gedient. Er war immer bereit, Ihre Wünsche zu erfüllen. Bereits das Funktionieren des Herzens ist eine erstaunliche Tatsache. Es arbeitet unablässig. Es hört tatsächlich niemals auf, gleichgültig was Sie tun, ob Sie schlafen oder wach sind.

Aber wenn der Tod kommt, gibt Ihr Körper auf. Bewusstsein und Körper trennen sich, und Ihr kostbarer Körper verwandelt sich schlicht in einen schauderhaften Leichnam. Im Angesicht des Todes sind Ihre Reichtümer und Ihr Besitz, Ihre Freunde und Verwandten und sogar Ihr Körper von keinerlei Nutzen. Das Einzige, das Ihnen auf Ihrer Reise ins Ungewisse helfen kann, ist die Tugend, die Sie in den Strom Ihres Bewusstseins eingepflanzt haben. Aus diesem Grund kann Ihnen die spirituelle Praxis dabei helfen, Ihrem Leben Bedeutung zu geben. Sich den Erwachten Geist mühelos in Erinnerung rufen zu können, schenkt unserem Geist Ruhe und Frieden, wenn wir sterben. Entwickeln wir im Augenblick des Sterbens einen tugendhaften Geisteszustand, bewirken wir das Reifen tugendhafter Handlungen und sichern uns damit eine gute Wiedergeburt. [...] Ob Ihre Erfahrung während des Sterbens positiv oder negativ sein wird, hängt sehr davon ab, wie Sie während Ihres Lebens praktiziert haben. Was zählt ist, dass unser alltägliches Leben Sinn haben sollte ..., dass unsere Haltung positiv, von Glück erfüllt und warmherzig ist. *(8)*

Verantwortungsbewusstsein

Was ist mein Lebenszweck, was sind meine Verantwortlichkeiten? Ob es mir passt oder nicht – ich lebe auf diesem Planeten und es ist entschieden besser, etwas für die Menschheit zu tun. Man sieht also, dass Mitgefühl der Same oder die Grundlage ist. Wenn wir das Mitgefühl sorgfältig pflegen, werden wir sehen, dass es die anderen guten menschlichen Eigenschaften hervorbringt. Das Thema Mitgefühl ist durchaus nicht Sache der Religion; man muss sich unbedingt klar machen, dass es eine menschliche Angelegenheit ist, dass es eine Frage des Überlebens der Menschheit ist, dass es kein Luxus ist, den sich der Mensch leistet. Ich würde beinahe sagen, dass Religion eine Art Luxus ist. Wenn Sie Religion haben, ist dies gut. Es ist aber klar, dass wir auch ohne Religion durchkommen können. Wir können aber nicht ohne diese grundlegenden menschlichen Eigenschaften überleben. Es ist eine Frage unseres eigenen Friedens und unserer geistigen Stabilität. [...]

Auch wenn wir andere Menschen nicht mögen, müssen wir miteinander leben. Das Gesetz der Natur fordert, dass selbst Bienen und andere Tiere kooperativ zusammenleben müssen. Ich habe eine besondere Schwäche für Bienen, weil ich Honig mag – er ist wirklich eine Köstlichkeit. Ihr Erzeugnis ist etwas, das wir nicht herstellen können – ist das nicht herrlich? Ich glaube fast, dass ich diese Tiere zu sehr in Anspruch nehme ... Auch diese Insekten haben gewisse Verantwortlichkeiten, sie arbeiten sehr schön zusammen. Sie haben keine Verfassung, kein Gesetz, keine Polizei, nichts, und doch arbeiten sie effektiv zusammen. Dies macht die Natur. [...]

Manchmal bringt uns die Zivilisation schöne Fortschritte, doch starren wir zu sehr auf diesen Fortschritt und vernachlässigen oder vergessen unsere grundlegende Natur. Jede Entwicklung der menschlichen Gesellschaft sollte auf dem Fundament der menschlichen

Natur aufbauen. Wenn wir dieses Fundament verlassen, haben solche Entwicklungen ihren Sinn verloren. Beim gemeinsamen Handeln, bei der Zusammenarbeit kommt es vor allem auf Verantwortungsbewusstsein an. [...]

Die moderne Wirtschaft kennt keine nationalen Schranken. Wenn wir über Ökologie, über Umwelt sprechen, wenn wir uns um die Ozonschicht Sorgen machen, kann ein einzelner, eine Gesellschaft, ein Land allein diese Probleme nicht lösen. Wir müssen zusammenarbeiten. Die Menschheit braucht mehr wirkliche Kooperation. Die Grundlage für die Entwicklung guter Beziehungen zu anderen ist Altruismus, Mitgefühl und Nachsicht. Damit kleinere Streitigkeiten begrenzt bleiben, ist im Kreis der Menschen das beste Mittel die Nachsicht. Altruismus und Nachsicht sind die Grundlage dafür, dass die Menschheit zusammenwächst. Dann wird kein Konflikt, wie schwerwiegend er auch sein mag, über die Schranken des wirklich Menschlichen hinausgehen. *(12)*

Vergänglichkeit

MANCHMAL VERMEIDEN sogar Patienten, die an tödlichen Krankheiten wie zum Beispiel Krebs leiden, die Worte »sterben« oder »Tod«. Es ist dann unmöglich für mich, mit ihnen über ihren baldigen Tod zu sprechen. Sie sträuben sich dagegen, etwas davon zu hören. Aber für jemanden, der noch nicht einmal dem Wort Tod ins Auge sehen kann, von seiner Wirklichkeit ganz zu schweigen, wird dann das tatsächliche Eintreffen des Todes wahrscheinlich großes Unbehagen und Angst mit sich bringen. Wenn ich auf der anderen Seite einen Praktizierenden treffe, der sich geübt hat und der dem Tod nahesteht, zögere ich nicht zu sagen: »Ob du nun stirbst oder dich wieder erholen wirst, du musst dich auf beides vorbereiten.« […] Es gibt keine Notwendigkeit, irgendetwas zu verbergen, da dieser Mensch vorbereitet ist, dem Tod ohne Bedauern zu begegnen. *(7)*

Verlangen

Bestimmte Formen von Verlangen sind positiv. Der Wunsch nach Glück zum Beispiel. Das Verlangen nach Frieden oder einer harmonischeren, freundlicheren Welt. Manche Wünsche sind sehr nützlich.

Aber ab einem bestimmten Punkt wird Verlangen unvernünftig, was dann gewöhnlich zu Schwierigkeiten führt. Ich schaue mir beispielsweise gern die vielen schönen Sachen in Supermärkten an. Dann kommt in mir ein Gefühl von Verlangen auf, und mein anfänglicher Impuls ist vielleicht: „Oh, ich möchte dies; ich möchte das!« Aber mein zweiter Gedanke ist: »Brauche ich das wirklich?« Die Antwort lautet meistens: »Nein.« Wenn wir dem ersten Verlangen folgen, diesem anfänglichen Impuls, dann wird unser Geldbeutel bald leer sein. Die andere Ebene des Verlangens nach den Grundbedürfnissen an Essen, Kleidung und Unterkunft ist jedoch vernünftiger.

Ob ein Wunsch überzogen oder negativ ist, hängt manchmal von den Umständen oder der Gesellschaft ab, in der wir leben. Wenn man zum Beispiel in einer wohlhabenden Gesellschaft lebt, in der man ein Auto zur Bewältigung des Alltags benötigt, ist natürlich nichts falsch daran, sich ein Fahrzeug zu wünschen. Aber angenommen, Sie leben in einem armen Dorf in Indien, wo man gut ohne Auto auskommt und Sie wünschen sich dennoch eines, so kann das Probleme aufwerfen, selbst wenn Sie genügend Geld für den Kauf haben. Es kann Neid unter den Nachbarn und Ähnliches heraufbeschwören. Oder wenn Sie in einer wohlhabenderen Gesellschaft leben und schon ein Auto besitzen, jedoch den Wunsch nach immer neueren Fahrzeugen hegen, können sich die gleichen Probleme einstellen. *(4)*

Verlust

ICH SELBST habe meinen über alles verehrten Lehrer, meine Mutter und auch einen meiner Brüder verloren. Als sie starben, fühlte ich mich natürlich sehr, sehr traurig. Später dachte ich ständig daran, dass es ja keinen Zweck hat, zu viel zu trauern. Wenn ich diese Menschen wirklich liebte, musste ich ihre Wünsche mit einem ruhigen Geist erfüllen. […] Ich halte das für die richtige Herangehensweise, wenn wir jemanden, der uns sehr lieb war, verloren haben. Der beste Weg, das Andenken an diesen Menschen zu bewahren, ist nämlich der Versuch, seine Wünsche zu erfüllen. Anfangs sind Kummer- und Angstzustände die natürliche menschliche Reaktion auf einen solchen Verlust. Aber wenn wir solchen Verlust- und Trauergefühlen endlos nachhängen, wird es gefährlich. Halten wir diese Gefühle nicht unter Kontrolle, können sie zu einer Art Egozentrik führen – einer Situation, in der man sich nur noch auf das eigene

Selbst konzentriert. Dann wird man von der Verlustempfindung überwältigt und hat das Gefühl, der Einzige zu sein, der so etwas erleidet. […] Wenn wir daher merken, dass wir uns allzu sehr sorgen, mag es hilfreich sein, an die anderen zu denken, die ähnliche oder sogar noch schlimmere Tragödien durchzustehen haben. Hat man das einmal erkannt, fühlt man sich nicht mehr so isoliert, als wäre man als Einziger herausgepickt worden. Das mag einen gewissen Trost vermitteln. *(4)*

Die Vier Edlen Wahrheiten

WIR MENSCHEN sind so beschaffen, dass wir uns Glück wünschen und Leid vermeiden wollen. Mit diesem Wissen im Hintergrund wollen wir das Wesen der äußeren und inneren Wahrheit beziehungsweise Wirklichkeit untersuchen und verstehen. Unter den verschiedenen philosophischen Systemen und Lehrgebäuden, die wir in der menschlichen Kultur vorfinden, stellt der Buddhismus nur eines dar. Wir haben so viele unterschiedliche Weltanschauungen, dass eine einzelne allein die Menschheit nicht befriedigen kann; deshalb gibt es so viele Arten metaphysischer und spiritueller Erklärungssysteme. [...] Das Fundament buddhistischer Philosophie setzt sich aus zwei Leitgedanken zusammen: »Wenn du in diesen Lehrsätzen etwas Sinnvolles und Nützliches für dich findest, dann solltest du dich intensiver mit ihnen beschäftigen und deine daraus neu gewonnenen Erkenntnisse in deinem täglichem Leben anwenden; findest du jedoch nichts dergleichen, dann lass alles so, wie es ist.« Den meisten sind die *Vier Edlen Wahrheiten* geläufig (die Wahrheit des Leidens, des Ursprungs, der Beendigung und des Weges). Sie bilden das Fundament des Buddhismus. Das Ziel jeden Wesens ist Glückseligkeit – dauerndes Glück. Es ist wunderbar und lohnenswert, immerwährendes Glück erlangt zu haben; denn es bedeutet kein Leiden mehr, sondern lang währenden Frieden und tiefe Befriedigung. Oft geschieht es, dass nach einem Moment des Glücks oder der Freude die eine oder andere Art von Problem eintritt. Das heißt also, dass dieses Glück nicht von Dauer ist. Daraus ergibt sich die Bedeutung der Vier Edlen Wahrheiten. Weil wir kein Leid wollen und damit wir es vermeiden können, müssen wir seine Gründe herausfinden und untersuchen. Lassen sich diese Gründe eliminieren? Wenn ja, lohnt es sich, dies auch zu versuchen. Ist dem nicht so, dann hat es keinen Zweck, die Anstrengung überhaupt zu unternehmen. Die *dritte Edle Wahrheit* betrifft das wahre Ende allen Leidens (was wir Nirvana oder Moksha nennen). Sollte es in der Tat möglich sein, die Leiden einzudämmen, dann ist es sinnvoll, Wege und Mittel zu finden, den eigenen Geist zu läutern und die Gründe für Leid zu eliminieren. Darin besteht die *vierte Wahrheit*. Diese Wahrheit gibt auch Aufschluss über das Gesetz von Ursache und Wirkung und das Wesen der Interdependenz; sie ist die Basis für *shunya*, die Leerheit. Die Shunya-Theorie beruht auf der Vorstellung, dass Dinge gegenseitig bzw. voneinander abhängig, interdependent sind. Jedes Ding hat verschiedene Aspekte, und bei genauerer Betrachtung stellt man fest, dass alle Dinge und ihre Aspekte aufeinander bezogen sind. Das Wesen der Dinge ist relativ, auf anderes bezogen, und die Leerheit ist ihr absolutes Wesen. Deshalb kann man neue Dinge schaffen, die wiederum sich selbst verändern, da Dinge nicht durch ganz bestimmte, sondern durch viele andere, sich immer neu zusammenstellende Faktoren bedingt sind. *(3)*

Wechselseitige Abhängigkeit

EIN KERN buddhistischer Lebensphilosophie und des davon abgeleiteten Verhaltens besteht in dem Grundsatz gegenseitiger Abhängigkeit. […] Das Prinzip der Interdependenz wird je nach unterschiedlichen philosophischen Grundsätzen verschieden interpretiert. Einer dieser Grundsätze besagt, Interdependenz bedeute, dass alle konkreten Erscheinungen durch Ursachen bedingt sind. Daraus lässt sich folgern, dass es keinen Schöpfer gibt; Dinge hängen von ihren eigenen Ursachen ab, wobei diese Ursachen wiederum ihre eigenen anderen Ursachen haben, ohne dass es dafür einen gesonderten Anfang gibt. Alles verändert sich aufgrund dieser Ursachen und Bedingungen. Neue Umstände rufen neue Ereignisse hervor; und diese wirken erneut als Ursache und bewirken etwas anderes und Neues. Dies ist der »Prozess des Entstehens im Gefüge von Abhängigkeiten«, was auf Sanskrit *pratityasamutpada* heißt. Die Vorstellung der

Interdependenz wird von allen buddhistischen Schulen geteilt, wobei die Interdependenztheorie in der *Madhyamika*-Philosophie die gegenseitige Abhängigkeit aller Elemente oder Teile in Gegenständen und Phänomenen betont. Zum Beispiel hat ein Objekt verschiedene Teile in dem Sinne, dass es in seiner äußeren Gestalt verschieden ausgerichtet ist: es kann zum Beispiel eine Kugel oder ein Kubus sein. Wenn es ohne Gestalt ist – wie das Bewusstsein –, dann bedeutet Teile zu haben, dass es unterschiedliche Ebenen von Kontinuität, Prozess oder Veränderung aufweist. In ähnlicher Weise kann der Raum als ein »Objekt« betrachtet werden, das seinen Ursprung in verschiedenen gegenseitigen Abhängigkeitsrelationen hat beziehungsweise sich aus seinen unterschiedlichen Bezügen zu anderen Gegenständen heraus konstituiert; und wir können uns einen bestimmten begrenzten Raum denken, der sich durch Bezüge zu bestimmten Gegenständen und Ausrichtungen auszeichnet (»der Raum, der sich von hier, diesem Gegenstand, nach dort, zu jenem Punkt ausstreckt«).

Der Ursprung der Dinge aufgrund gegenseitiger Beziehungen ist also nicht nur als Prinzip von Ursache und Wirkung zu sehen, sondern auch auf der Ebene der gegenseitigen Relationen der Teile untereinander. Eine noch weiter differenzierte Betrachtungsweise von dem, was wir unter Abhängigkeitsbeziehungen der Dinge untereinander verstehen können, wird mit der Bezeichnung »das Entstehen der Dinge durch Bezeichnung und Zuschreibung« umrissen. Wenn wir zum Beispiel herausfinden wollen, woraus eine Blume tatsächlich besteht und sie sehr detailliert in ihre Komponenten zergliedern, hört die Blume auf, die Blume zu sein, wie wir sie normalerweise kennen. Durch eine weitergehende Analyse der kleinsten Bestandteile wird uns […] klar, dass, wenn wir etwas mit einer Bezeichnung versehen, diese Bezeichnung nicht willkürlich geschieht, sondern aufgrund der Konvergenz bestimmter Einzelteile oder Substanzen, das heißt, wir erkennen, dass die Elemente in einer ganz bestimmten Hinsicht zugeordnet sind, sich aufeinander beziehen oder gegenseitig beeinflussen. Diese einzelnen Teile treten gleichsam zusammen, um gemeinsam als eine Einheit zu funktionieren, der wir dann einen besonderen Namen geben. Wenn wir erforschen wollen »Wer bin ich?«, werden wir sicherlich kein von diesem bestimmten Körper, diesem Hirn und Geist, diesen Erfahrungen losgelöstes Ich finden. Dringt man in den Untersuchungen weiter vor, um zum letzten Wesenskern des Ich zu gelangen, findet man gewiss keine unabhängige Identität des Ich. Im Allgemeinen geben wir der Kombination von Körper und Geist eine Bezeichnung und sagen: »Dies ist ein Mensch oder ein menschliches Wesen«. Dieses tibetische Fleisch zusammen mit einem Geist von Amdo nennen wir »Dalai Lama, Tenzin Gyatso«. Wenn, nach unzähligen zergliedernden Analysen, wir jedoch endlich auf den Dalai Lama treffen wollen, können wir ihn nicht finden. *(3)*

Weisheit

Je mehr sich Ihre altruistische Einstellung zu den anderen Wesen verstärkt, um so mehr wächst Ihnen Mut zu. Je mutiger Sie sind, desto weniger sind Sie geneigt, sich abschrecken zu lassen und die Hoffnung zu verlieren. Mitgefühl ist also eine Quelle innerer Kraft. Mit zunehmender innerer Kraft wird es möglich, feste Entschlossenheit zu entwickeln. Dadurch steigt die Aussicht auf Erfolg ungeachtet aller Hindernisse. Wenn Sie nämlich voller Zögern, Angst und mangelndem Selbstvertrauen sind, wird Ihre Einstellung immer pessimistischer werden, und dies halte ich für den wirklichen Keim des Versagens. Mit einer pessimistischen Einstellung schlägt sogar etwas, das Ihnen leicht gelingen könnte, fehl. Wenn Sie jedoch in schwierigen Angelegenheiten eine unerschütterliche Entschlossenheit beweisen, ist am Ende die Möglichkeit des Gelingens gegeben. Aus diesem Grund ist Mitgefühl auch in einem ganz konventionellen Sinn für zukünftigen Erfolg förderlich. [...] Der Grad Ihrer Einsicht in die Natur der Wirklichkeit bestimmt den Grad Ihres Mitgefühls. Für den Buddhismus ist es entscheidend, Mitgefühl mit Weisheit zu paaren. Mitgefühl ist wie eine sehr aufrichtige Person und Weisheit wie eine sehr fähige, wenn beide zusammenkommen, ist das Resultat besonders effizient. *(13)*

Wesen des Geistes

DER INNERSTE, subtile Geist ist immer anwesend. Obwohl er sich jeden Augenblick immer erneut ändern kann, bleibt er beständig und ewig bestehen. Es gibt also zwei Ebenen des Geistes: die eine, »gröbere«, vordergründige ist völlig mit dem Körperlichen verbunden, wohingegen der subtilste Geist immerwährend ist. Auf dieser Grundlage findet die Wiedergeburt statt.

Das Wesen des Geistes ist letztendlich neutral. Es kann durch positive wie auch negative Emotionen beeinflusst werden. Nehmen wir als Beispiel Menschen mit aufbrausendem oder cholerischem Temperament. In meinen jungen Jahren konnte ich schnell jähzornig werden, doch hielt diese Stimmung nie länger als vierundzwanzig Stunden an. Wenn negative Emotionen der Wesenskern unseres Geistes sind, dann bleibt der Zorn zwangsläufig so lange bestehen, wie auch Funktion und Tätigkeit des

Geistes andauern, heißt es. Dies muss jedoch nicht immer so bleiben. Genauso wenig sind positive Gedanken wesentlicher Teil des Geistes. Der Geist ist etwas Neutrales und spiegelt alle Arten unterschiedlicher Erfahrungen und Erscheinungen.

Es fragt sich darüber hinaus, wo eigentlich die Trennungslinie zwischen positiven und negativen Gedanken zu ziehen ist. Es gibt keine absolute, sondern nur eine relative Trennung. Die Emotionen wie Mitgefühl, Liebe und Weisheit, die ein Glück bewirken, das Zufriedenheit schenkt, beständig und dauerhaft ist, sind positiv. Diese Gefühle erachten wir deshalb als positiv, weil wir das dadurch geschaffene Glück als etwas Positives ansehen, das es auf alle Fälle zu erreichen gilt. Alles, was uns in dieser Hinsicht unterstützt, ist für uns positiv. Die positiven Gefühle werden uns schließlich in glücklichere Menschen umwandeln, die für ihre Mitmenschen zuverlässig und vertrauenswürdig sind. Man muss aber weiterhin beachten, dass wir die Gefühle zwar als positiv erachten, sie jedoch nicht als solche unmittelbar und absolut identifizieren können. Alle schätzen diese Gefühle aufgrund ihrer positiven Wirkung, und deshalb sind sie für uns positiv.

Obwohl positive und negative Gefühle beide gleich mächtig sind, treten die negativen Gefühle gewöhnlich ohne bestimmten Grund auf und sind daher auch einfach nur Gefühle. Wenn wir objektiv Sinn und Zweck von Zorn, Hass, Eifersucht, Zweifel, Argwohn oder Furcht untersuchen, erkennen wir, dass diese Gefühlsmomente jeder tieferen Grundlage entbehren. Umgekehrt sind Liebe, Mitgefühl und Vergeben tief begründet und haben eine sinnvolle Basis. Von einem buddhistischen Standpunkt her gesehen [...], sind die negativen Gefühle durch Unwissenheit oder Naivität bedingt.

Unwissenheit bezeichnet ein Bewusstsein, das die Gegenstände in ihrem Wesen so auffasst, als ob sie unabhängig nur auf sich selbst bezogen existierten. Es ist offensichtlich, dass, wenn sich bestimmte negative Gefühle entwickeln, der Gegenstand, auf den sich unsere negativen Gefühle richten, selbst als etwas absolut Negatives erscheint. So lange dieses negative Gefühl besteht, so lange ist auch der (so empfundene) Gegenstand absolut negativ. Sobald sich das negative Gefühl abschwächt, wird auch unser Eindruck von der Welt, beziehungsweise unsere Sicht auf diese, insgesamt positiver. Dies zeigt, dass negative Emotionen nur aufgrund von Unwissenheit entstehen können, was übrigens für alle negativen Gefühle schlechthin gilt.

Diese Unwissenheit oder falsche Vorstellung von Wirklichkeit kann, so mächtig sie auch sein mag, beseitigt werden. Durch genauere Betrachtungen und Meditationen können wir ein tieferes Verständnis entwickeln. Als Folge davon wird das Negative begrenzt und schließlich völlig aufgelöst. Dass wir dies herbeiführen können, ist ein weiteres Merkmal unseres Geistes.

Uns allen wohnt ein tiefer Wunsch nach Glück inne. Glück und Unglück hängen eng mit positiven und negativen Gefühlen zusammen. Das grundlegende Wesen unseres Geistes ist völlig rein, wodurch zugleich die Möglichkeit gegeben ist, die negativen Gefühle zu überwinden, die positiven dagegen zu fördern und daher in einem weiteren Schritt das Leiden aufzulösen. Buddha führte dies in seiner Zweiten Edlen Wahrheit näher aus. Darin erklärte er, worin Karma und negative Gefühle bestehen, die wahren Gründe für das Leiden, wobei dieses Leiden als »verunreinigtes« Karma oder »verdorbener« Geist dargestellt wird. Um die Zweite Edle Wahrheit wirklich begreifen zu können, muss man erfasst haben, was das Ende des Leidens tatsächlich bedeutet, was in der Dritten Edlen Wahrheit zum Ausdruck kommt.

Buddhas erste Rede stellt die Vier Edlen Wahrheiten vor, in der zweiten geht er näher auf die Dritte Edle Wahrheit ein. In seiner dritten Rede gibt er eine tiefgehende Darstellung der Natur des Geistes in Zusammenhang mit der Vierten Edlen Wahrheit, wo es um beides, die Überwindung negativer Emotionen und das Erreichen dauerhaften Glücks geht: Nirvana.

Erst wenn man das Ziel erkannt hat, ist man auch in der Lage, durch Üben des Geistes negative Gefühle auszuschalten. Damit unsere Bemühungen nicht nachlassen oder ermüden, brauchen wir Entschlossenheit, die wiederum leichter fällt, wenn wir erst einmal – und das ist außerordentlich wichtig – begriffen haben, was Leiden bedeutet. Gibt es eine Möglichkeit, das Leiden zu überwinden und steht uns das Ziel klar vor Augen, dann ist es wichtig, tief nachzudenken und das Leiden zu verstehen. Je mehr wir erkennen, umso eher werden wir zu einer aufrichtigen Entschlossenheit gelangen, die uns dieses Leiden überwinden hilft. *(3)*

Widerstand

SELBST WENN Sie ein demütiger, aufrichtiger und zufriedener Mensch sind, kann es vorkommen, dass einige Ihrer Freunde, Nachbarn, Mitarbeiter oder Rivalen Sie ausnutzen werden. Es wäre nicht vernünftig, dies einfach geschehen zu lassen. In solch einer Situation müssen Sie als Erstes deutlich erkennen, dass die andere Person ein Mensch ist und somit ein Recht darauf hat, glücklich zu sein. Mit Respekt und Mitgefühl für diesen Menschen können Sie dann entsprechend den von ihm oder von ihr geschaffenen Umständen handeln. Das bedeutet, dass man nachdrücklich reagiert, falls das notwendig sein sollte, aber ohne jemals die mitfühlende Einstellung zu verlieren. Mitgefühl ist wirklich der einzige Weg, ein derartiges Problem zu lösen, da Ärger und Gereiztheit lediglich wirksames Handeln behindern und die Sache nur noch schlimmer machen würden. *(2)*

Zorn

ZORN KANN nicht durch Zorn überwunden werden. Wenn Ihnen ein Mensch mit Zorn gegenübertritt und Sie mit Zorn reagieren, sind die Folgen verheerend. Wenn Sie aber Ihren Zorn beherrschen und eine gegenteilige Haltung einnehmen – Mitleiden, Toleranz und Geduld –, dann erhalten Sie sich nicht nur den eigenen Frieden, sondern wird auch der Zorn des anderen allmählich abnehmen. Auch die Weltprobleme kann man nicht mit Zorn oder Hass angehen. Man muss ihnen mit Mitgefühl, Liebe und wahrer Güte gegenübertreten. Sehen Sie sich all die schrecklichen Waffen an, die es gibt. Und doch können die Waffen selbst keinen Krieg anzetteln. Der Knopf, der ihn auslöst, liegt unter einem menschlichen Finger, der durch Gedanken, nicht durch seine eigene Kraft bewegt wird. Die Verantwortung liegt in unserem eigenen Denken. Wenn man solchen Dingen auf den Grund geht, findet man das Handlungsmotiv im Inneren, im Geist. Deshalb ist es sehr wichtig, zunächst den Geist zu kontrollieren. Ich meine hier nicht die Kontrolle des Geistes im Sinne tiefer Meditation, sondern einfach die Zurückdrängung des Zorns, eine größere Hochachtung vor den Rechten anderer, mehr Verständnis für andere Menschen, eine größere Bewusstheit für die Gleichheit aller Menschen! Schließlich möchten wir alle glücklich sein, und niemand wird bestreiten, dass Zorn Frieden unmöglich macht. Mit Güte und Liebe können wir die Ruhe des Geistes erlangen. Niemand möchte Zorn, niemand möchte geistige Unruhe, und doch tritt beides durch Unkenntnis auf. Schlechte Haltungen wie zum Beispiel Niedergeschlagenheit entstehen durch die Macht der Unkenntnis, nicht aus sich selbst. Durch Zorn verlieren wir eine der besten menschlichen Fähigkeiten – die Urteilskraft. [...] Da wir nun einmal diese physische Menschengestalt haben, müssen wir unsere geistige Fähigkeit des Urteilens wahren. Hierüber können wir keine Versicherung abschließen, die Versicherungsgesellschaft ist im Inneren: Selbstzucht, Selbstbewusstsein und eine klare Erkenntnis der negativen Folgen des Zorns und der positiven Wirkungen der Güte. Wenn wir uns dies immer wieder klar machen, wird es uns schließlich einleuchten, und dann können wir mit Hilfe der Selbsterkenntnis den Geist kontrollieren. Man kann zum Beispiel gegenwärtig ein Mensch sein, der sich schnell und leicht über Kleinigkeiten aufregt. Mit klarem Verstand und klarer Bewusstheit kann man dies unter Kontrolle bringen. Wenn Sie zum Beispiel normalerweise zehn Minuten lang wütend sind, versuchen Sie, dies auf acht Minuten zu verringern. Reduzieren Sie es nächste Woche auf fünf Minuten, im nächsten Monat auf zwei. Dann verkürzen Sie es auf null Minuten. So schult und entwickelt man seinen Geist. So empfinde ich es, und so übe ich auch selbst. *(12)*

Zuflucht nehmen

WIR KÖNNTEN die »Annahme der Zuflucht« als einen formalen Akt betrachten, durch den man zum Buddhisten wird. Dieser Akt wird von allen Strömungen des Buddhismus anerkannt. Ein Buddhist, ob Frau oder Mann, ist jemand, der Zuflucht genommen hat zu den Drei Kostbarkeiten: *buddha*, *dharma* und *sangha*. Zuflucht nehmen zu *buddha* bedeutet, das eigene Vertrauen nicht nur in die Lehre des Buddha *Shakyamuni* zu setzen, sondern auch in jene des geistigen Meisters, der ihn verkörpert. Wenn ein Schüler sich vor einer Buddha-Statue verbeugt, dann erweist er nicht der Figur und dem Werk des historischen Buddha seine Ehrerbietung, sondern auch dem »Prinzip« des Meisters, und durch diese Ehrerbietung verbeugt er sich auch vor allen Meistern, die im Laufe der Jahrhunderte die buddhistische Lehre vermittelt und bewahrt haben. Für einen praktizierenden Buddhisten ist der Buddha ein Lebewesen, das sich vollständig von jeglicher Illusion, von jeglichem Verhaftetsein und jeglicher Unwissenheit befreit hat. Derjenige, der die Erleuchtung erreicht hat, hat die endgültige Weisheit errungen, und durch die Einsicht in die wahre Realität der Phänomene hat er jedwede Finsternis aus seinem Geist beseitigt.

Frage: Aber warum verwendet man den Ausdruck »Zuflucht nehmen«?

In diesem Zusammenhang bedeutet »Zuflucht nehmen«, dass man die Gültigkeit der buddhistischen Lehre anerkennt und sich ihr anvertraut, um die eigene Erlösung zu erringen. Man glaubt also, die innere Güte der Lehre des Erleuchteten könne dem Übenden helfen und ihn auf seinem langen Erlösungsweg schützen und führen, ein Weg, der nicht immer einfach zu beschreiten ist. Aber kommen wir zurück zum Begriff der »Zuflucht«. Nach Buddha nimmt man Zuflucht zum *dharma*, der geistigen Lehre. Unter *dharma* versteht man sowohl die historische Lehre des Buddha *Shakyamuni* als auch das Gesetz der Lehre. In gewisser Weise könnten wir auch sagen, der *dharma* resultiere aus der Erleuchtung. Denn Buddha hat seine Einsichten, die er durch die Erleuchtung gewonnen hat, nicht für sich behalten; es war vielmehr sein Wille, sie mit der gesamten Menschheit zu teilen. Und dann nimmt man noch Zuflucht zum *sangha*, der Gemeinschaft der Anhänger Buddhas, einer Gemeinschaft, die sich aus Mönchen, Nonnen und praktizierenden Laien zusammensetzt. Wenn man in die Drei Kostbarkeiten *buddha*, *dharma* und *sangha* Zuflucht nimmt, reinigt man sich von dem negativen Charakter seiner vergangenen Handlungen, die man in dem gegenwärtigen oder in anderen Leben begangen hat, und das Streben nach innerer Verwandlung, nach Erreichung der Erleuchtung ist beträchtlich erhöht.

Und wie nimmt man Zuflucht?

Man nimmt Zuflucht im Laufe einer dafür vorgesehenen Zeremonie, in der ein Meister, durch eine Reihe von Ritualen den Schüler in die Gemeinschaft der Übenden aufnimmt. Nachdem er ihm symbolisch ein Büschel Haare abgeschnitten hat, verleiht er ihm einen neuen Namen. Diese Handlungen markieren auch nach außen die Verwandlung der Person, die sich dafür entschieden hat, zu den Drei Kostbarkeiten Zuflucht zu nehmen. *(9)*

Kleines Glossar

atman: »Lebenshauch«, »Atem«, in der indischen Philo-
    sophie die vom Buddha abgelehnte Vorstellung einer
    ewig existierenden autonomen Geistseele

Bar-do: »Befreiung durch Hören im Zwischenzustand«,
    das sogenannte »Tibetische Totenbuch«, buddhisti-
    sche Schrift aus dem 8. Jh. vom Begründer des tibe-
    tischen Buddhismus

bodhicitta: »Erleuchtungsgeist«, der Wunsch, um das Wohl
    aller Lebewesen willen Erleuchtung zu erlangen.

bodhisattva: »Erleuchtungswesen«, Persönlichkeit auf dem
    Weg zur Buddhaschaft, die den »Erleuchtungsgeist«
    (bodhicitta) in sich wachgerufen und das Gelübde
    abgelegt hat, um der Erlösung aller Wesen willen
    Erleuchtung zu erlangen. Der Dalai Lama selbst gilt
    seinen Anhängern als Inkarnation des transzendenten
    Bodhisattva Avalokiteshvara, des bodhisattvas des
    universalen Mitgefühls.

buddha-dharma: die von Buddha angestoßene Lehre

Chandrakirti: buddhistischer Gelehrter und Meister,
    Indien 7. Jahrhundert

dharma: siehe *Drei Kostbarkeiten*

Drei Kostbarkeiten (auch Drei Juwelen): die drei »Säulen«
    des Buddhismus: der *buddha, dharma* (die Lehre),
    sangha (die Gemeinschaft)

lama: spiritueller Meister *(guru)* im tibetischen
    Buddhismus

madhyamika: »mittlerer Weg«, siehe unter *Nagarjuna*

Mahayana: Eine der Hauptströmungen des Buddhismus. Der Name bedeutet *Großes Fahrzeug* oder *Großer Weg* und steht für das Ziel, alle fühlenden Wesen aus dem Kreis der Wiedergeburten *(samsara)* zu befreien

Nagarjuna: großer buddhistischer Lehrer, 2. Jahrhundert, Indien; zentrales Motiv seiner Lehre ist die »Leerheit« *(shunya)*, Begründer der Philosophie des »Mittleren Weges« *(madhyamika)*

nirvana: wörtlich »verlöschen«, der Zustand jenseits des Leidens. Ein *bodhisattva* trachtet danach, das *nirvana* nicht nur für sich selbst, sondern auch für alle anderen Wesen zu verwirklichen.

sangha: siehe *Drei Kostbarkeiten*

(Buddha) Shakyamuni: »der Weise aus dem Volk der Shakya«, Beiname des »historischen« Buddha Gautama Siddharta (gestorben im 6. Jahrhundert v. Chr.)

shamatha (auch: *samatha*): »ruhiges Verweilen«, grundlegende buddhistische Meditationstechnik, Konzentrationsübung

shunya: Leerheit, zentraler Begriff im Buddhismus, grundgelegt in der Leere vom »Nicht-Selbst«, der Bestreitung eines nicht-bedingten, substanziellen Selbst

skandhas: die Daseinsfaktoren in der buddhistischen Lehre der menschlichen Persönlichkeit

sugatahridaya: »Buddha-Samen«, das Buddha-Potenzial jedes Wesens, siehe auch *tathagagarbha*

tathagagarbha: »Buddha-Keimling«, das Buddha-Potenzial jedes Wesens

Thogme Sangpo: tibetischer Mönch und Meister, 13./14. Jahrhundert

Tsongkhapa: tibetischer Mönche und Reformator, 14./15. Jahrhundert

Vier edle Wahrheiten: Die Grundlage der buddhistischen Lehre: 1. Die Wahrheit vom Leiden, 2. die Wahrheit vom Ursprung des Leidens, 3. die Wahrheit von der Beendigung des Leidens und 4. die Wahrheit vom Weg, der zur Aufhebung des Leidens führt, das ist der *Achtfache Pfad.* Die acht Glieder des Achtfachen Pfades sind: 1. rechte Einsicht, 2. rechte Absicht, 3. rechte Rede, 4. rechtes Tun oder Handeln, 5. rechter Lebenserwerb, 6. rechte Anstrengung oder Bemühung, 7. rechte Achtsamkeit, 8. rechte Konzentration.

vipashyana (auch: *vipassana*): »Einsicht«, grundlegende Meditationsübung im Buddhismus, »Achtsamkeitsübung«

yogische Übungen: hier: Meditationspraxis des tibetischen Buddhismus

Quellen

Zitierte Werke des Dalai Lama, die im Verlag Herder, Freiburg im Breisgau, erschienen sind:

1) Das Leben tiefer verstehen. Erkenne dich selbst und lebe gelassener, Herder spektrum Taschenbuch 6345, 2. Auflage 2012.
2) Die Liebe Quelle des Glücks. Herausgegeben von Jeffrey Hopkins, 2005.
3) Wie man besser leben kann. Der Pfad des Glücks. Herausgegeben von Renuka Singh, Herder spektrum Taschenbuch 5606, 3. Auflage 2005.
4) (mit Howard C. Cutler) Glücksregeln für den Alltag. Happiness at Work, Herder spektrum Taschenbuch 5843, 5. Auflage 2011.
5) Die Quelle des Glücks ist das gute Herz. Herausgegeben und ausgewählt von Ludger Hohn-Morisch, 2004.
6) »Sieh an, er ist wie du«. Friede erwächst aus Liebe und Mitgefühl, in: Eine Mystik, viele Stimmen, herausgegeben von Christoph Quarch und Gabriele Hartlieb, 2004.
7) Der Weg zum sinnvollen Leben. Das Buch vom Leben und Sterben. Herausgegeben von Jeffrey Hopkins, Herder spektrum Taschenbuch 6122, 2011.
8) Der Sinn des Lebens. Herausgegeben von Rajiv Mehrotra, Herder spektrum Taschenbuch 6055, 2. Auflage, 2012.

9) Vision des Herzens. Güte verändert die Welt. Herausgegeben von Pietro Verni, Herder spektrum Taschenbuch 5650, 2. Auflage 2005.

10) Tod und Unsterblichkeit im Buddhismus. Über die Buddha-Natur. Herausgegeben von Peter Michel, Herder spektrum Taschenbuch 4555, 1997

11) Mitgefühl und Weisheit. Ein großer Mensch im Gespräch mit Felizitas von Schönborn, 2. Auflage 1994.

Weitere zitierte Werke des Dalai Lama:

12) Dalai Lama, Eine Politik der Güte. Hg. von Sidney Piburn. Aus dem Amerikanischen von Clemens Wilhelm, Walter Verlag AG 1992, © 1990, 1993 Sidney Piburn. Mit Genehmigung der Paul & Peter Fritz AG, Zürich.

13) Dalai Lama, Mit dem Herzen denken. Scherz Verlag 1997, dt. Übersetzung © Sabine Minden, © der Originalausgabe: HarperCollins Publishers Ltd.

14) Dalai Lama, Der Friede beginnt in dir. O. W. Barth Verlag 1994, © der frz. Originalausgabe: Editions Albin Michel, Paris 1992.

15) Dalai Lama, Wege zu Gott – Leben aus der Liebe, Verlag Alf Lüchow Stuttgart 1991. © der am. Originalausgabe: Benjamin Shield und Richard Carlson, Ph. D.

Weisheit

**Perlen der Weisheit:
Die schönsten Texte
von Anselm Grün**
160 Seiten | Paperback
ISBN 978-3-451-07152-2

**Perlen der Weisheit:
Die schönsten Texte
des Dalai Lama**
160 Seiten | Paperback
ISBN 978-3-451-07153-9

HERDER spektrum Band 7153

MIX
Papier aus verantwor-
tungsvollen Quellen
FSC® C106847

www.fsc.org

Bearbeitete Neuausgabe 2012

© Verlag Herder GmbH, Freiburg im Breisgau 2010
Alle Rechte vorbehalten
www.herder.de

Umschlagkonzeption und -gestaltung:
RME Eschlbeck / Hanel / Gober
Umschlagmotiv: © plainpicture
Vignette im Innenteil: © Designbüro Gestaltungssaal
Sabine Hanel, Alexandra Gober

Herstellung: fgb · freiburger graphische betriebe
www.fgb.de

Printed in Germany

ISBN 978-3-451-07153-9